[redacted]

access

VOKABELTASCHENBUCH

2

W0472092

Vokabel Trainer

Cornelsen

Vokabeltrainer-App

Verfügbar für: iOS, Android und Windows Phone

Cornelsen

Das **Vokabeltaschenbuch** ist ideal zum Lernen und Wiederholen unterwegs. Es enthält die Wörter und Wendungen aus ***English G* • *Access 2***, die du lernen musst. Außerdem findest du

- eine Übersicht über die **Lautschriftzeichen** und das englische **Alphabet** auf S. 6
- eine Liste der **unregelmäßigen Verben** auf S. 72–75
- eine Übersicht über die **englischen Zahlen** auf S. 76–77
- **Hinweise zu *false friends***, bei denen man leicht Fehler macht, auf S. 78.

Wenn du einen **TING-Stift** hast, dann kannst du dir auch die Aussprache der Wörter anhören und auf diese Weise überprüfen, ob deine Aussprache stimmt. **Dazu berührst du *den Anfang des Wortes* mit der Spitze des TING-Stiftes.** Den TING-Stift können deine Eltern im Internet unter www.ting.eu oder in einer Buchhandlung kaufen.

So einfach funktioniert TING. Der Hörstift.

1.

Zum Einschalten drückst du zwei Sekunden lang diesen Knopf. Wenn es geklappt hat, hörst du zwei aufsteigende Töne.

2.

Nun tippst du zum Aktivieren von TING mit der Spitze auf die rechts nebenstehende Abbildung. Wenn dieser TING-Titel bereits auf deinem Stift geladen ist, hörst du vier aufsteigende Töne.
Das machst du bei jedem anderen TING-Titel genauso.

3.

Los geht's! Jetzt kannst du auf Bilder oder Wörter tippen und sofort Geräusche, Sprache oder Musik in bester Qualität hören.

Mehr Informationen unter www.ting.eu

TING.
Der Hörstift.
Bringt Leben
in Bücher!

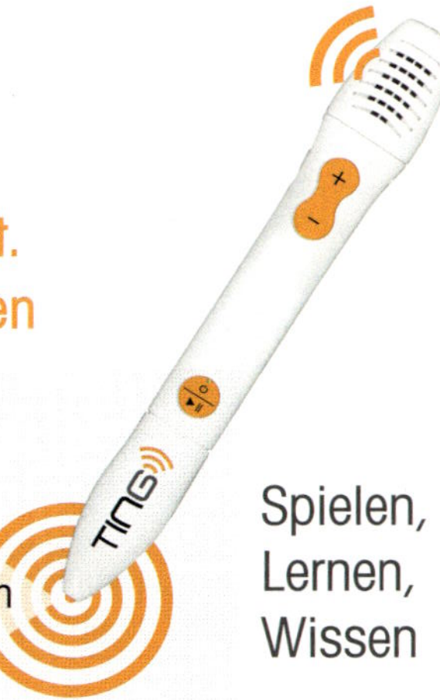

Aktiviere deinen
TING hier!

Spielen,
Lernen,
Wissen

Hier siehst du, wie das **Vocabulary** aufgebaut ist:

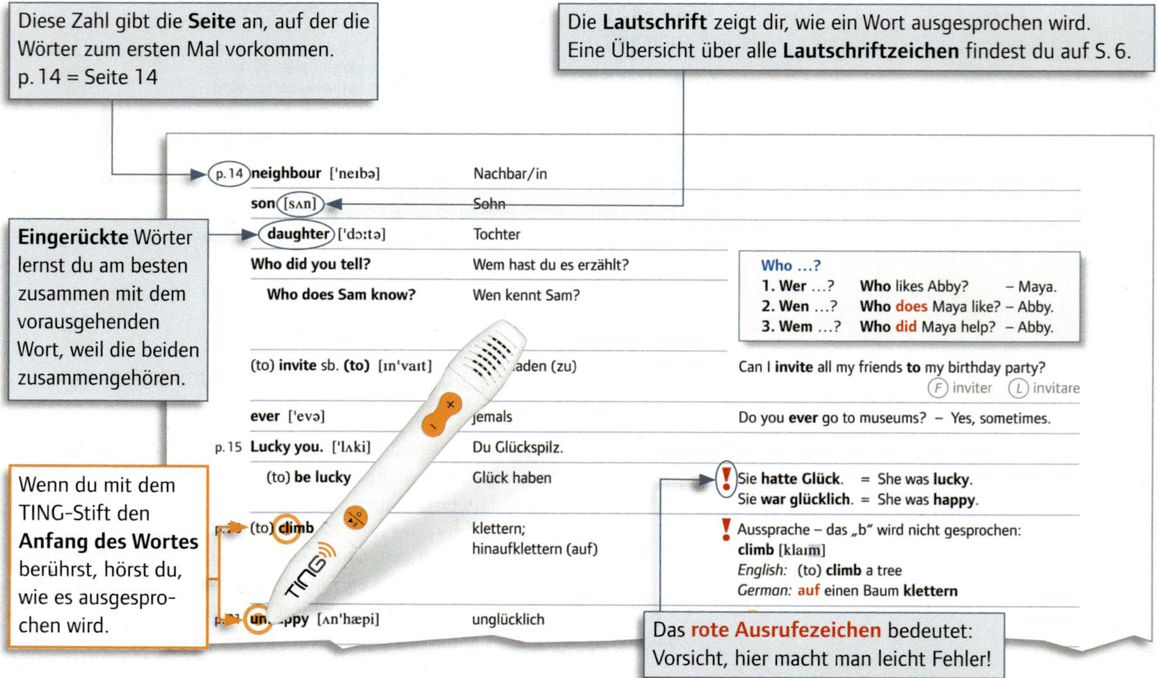

Diese **Kästen** solltest du dir immer besonders gut ansehen: Hier sind Vokabeln zu einem bestimmten Thema zusammengestellt. Oder du erfährst mehr über ein Wort und wie es verwendet wird.

English: (to) **climb** a tree
German: **auf** einen Baum **kl**

happy ◄► unhappy

Dies ist das „Gegenteil"-Zeichen:
happy ist das Gegenteil von **unhappy**.

);
hoch *(Gebäude, Baum)*

German "groß"

big, large	**big** und **large** sind oft austauschbar:	a **big/large** family; a **big/large** lake
	large wird in der Regel nicht verwendet, um Menschen zu beschreiben.	a very **big** man
tall	**tall** benutzt man, wenn es um die Größe von Personen (und Tieren) oder die Höhe von Gebäuden, Bäumen u.Ä. geht.	a **tall** man

Im **Vocabulary** werden folgende **Abkürzungen** verwendet:

p. = page (Seite) pp. = pages (Seiten)
sth. = something (etwas) sb. = somebody (jemand)
jn. = jemanden jm. = jemandem
pl = *plural* (Mehrzahl)
infml = *informal* (umgangssprachlich)
Ⓕ = *verwandtes Wort im Französischen*
Ⓛ = *verwandtes Wort im Lateinischen*

English sounds

[iː]	green, he, sea
[i]	happy, monkey
[ɪ]	big, in, expensive
[e]	red, yes, again, breakfast
[æ]	cat, animal, apple, black
[ɑː]	class, ask, car, park
[ɒ]	song, on, dog, what
[ɔː]	door, or, ball, four, morning
[uː]	blue, ruler, too, two, you
[ʊ]	book, good, pullover
[ʌ]	mum, bus, colour
[ɜː]	girl, early, her, work, T-shirt
[ə]	a partner, again, today

[eɪ]	name, eight, play, great
[aɪ]	time, right, my, I
[ɔɪ]	boy, toilet, noise
[əʊ]	old, no, road, yellow
[aʊ]	town, now, house
[ɪə]	here, year, idea
[eə]	where, pair, share, their
[ʊə]	tour

[b]	boat, table, verb
[p]	pool, paper, shop
[d]	dad, window, good
[t]	ten, letter, at
[g]	good, again, bag
[k]	cat, kitchen, back
[m]	mum, man, remember
[n]	no, one, ten
[ŋ]	song, young, uncle, thanks
[l]	hello, like, old, small
[r]	red, ruler, friend, sorry
[w]	we, where, one
[j]	you, yes, uniform
[f]	family, after, laugh
[v]	river, very, seven, have
[s]	sister, poster, yes
[z]	please, zoo, quiz, his, music
[ʃ]	shop, station, English
[ʒ]	television, usually
[tʃ]	teacher, child, watch
[dʒ]	Germany, job, project, orange
[θ]	thanks, three, bathroom
[ð]	the, this, father, with
[h]	here, who, behind

The English alphabet

a	[eɪ]	**n**	[en]
b	[biː]	**o**	[əʊ]
c	[siː]	**p**	[piː]
d	[diː]	**q**	[kjuː]
e	[iː]	**r**	[ɑː]
f	[ef]	**s**	[es]
g	[dʒiː]	**t**	[tiː]
h	[eɪtʃ]	**u**	[juː]
i	[aɪ]	**v**	[viː]
j	[dʒeɪ]	**w**	['dʌbljuː]
k	[keɪ]	**x**	[eks]
l	[el]	**y**	[waɪ]
m	[em]	**z**	[zed]

Am besten kannst du dir die Aussprache der einzelnen Lautzeichen einprägen, wenn du dir zu jedem Zeichen ein einfaches Wort merkst –
das [iː] ist der **green**-Laut,
das [eɪ] ist der **name**-Laut usw.

pp. 8/9 **stop** [stɒp]	Halt; Station, Haltestelle	The first **stop** on our walk was after 15 kilometres. Get off the bus at the fifth **stop**.
camping ['kæmpɪŋ]	Camping, Zelten	We went **camping** in France last summer.
world [wɜːld]	Welt	*English:* the best beach **in the world** *German:* der beste Strand **der Welt** / **auf der Welt**
sunny ['sʌni]	sonnig	
mountain ['maʊntən]	Berg	(F) la montagne (L) *mons, montis*
beautiful ['bjuːtɪfl]	schön	Her face isn't just nice – it's **beautiful**.
alone [ə'ləʊn]	allein	Did you go camping **alone**? – No, I went with Dad.
Say hello to … for me.	Grüß … von mir.	
wave [weɪv]	Welle	
weather ['weðə]	Wetter	
cloudy ['klaʊdi]	bewölkt	
cloud [klaʊd]	Wolke	It's **cloudy**.
caravan ['kærəvæn]	Wohnwagen	(F) la caravane
fun park	Vergnügungspark	

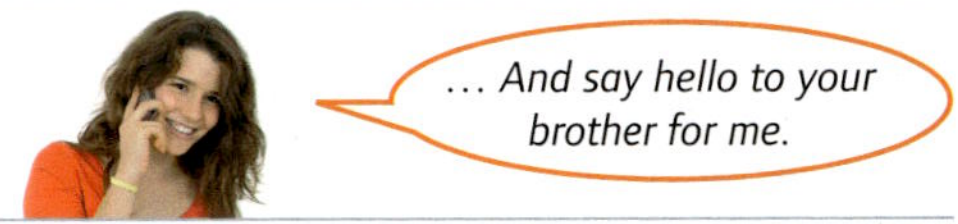

windy ['wɪndi]	windig	It's **windy**. 
wind [wɪnd]	Wind	
project ['prɒdʒekt]	Projekt	! Betonung: **<u>pro</u>ject** ['prɒdʒekt] — (F) le projet
I can't wait to see …	Ich kann es kaum erwarten, … zu sehen.	James Bond is great. **I can't wait** to see the next film.
rainforest ['reɪnfɒrɪst]	Regenwald	
forest ['fɒrɪst]	Wald	(F) la forêt
rain [reɪn]	Regen	It's **raining**. 
(to) **rain** [reɪn]	regnen	
plant [plɑːnt]	Pflanze	(F) la plante
message ['mesɪdʒ]	Nachricht	(F) le message

Part A

p. 10 **phone call** ['fəʊn kɔːl] (*kurz auch:* **call**)	Anruf; Telefongespräch	
(to) **phone** sb. [fəʊn]	jn. anrufen	
(to) **answer the phone**	ans Telefon gehen	
(to) **be in**	zu Hause sein	

(to) **be out**	nicht zu Hause sein, nicht da sein	*Sorry, Tim. He's not in. Do you want to leave a message?*
(to) **leave a message** [ˌliːv‿ə 'mesɪdʒ], *simple past:* **left** [left]	eine Nachricht hinterlassen	
holiday ['hɒlədeɪ]	Urlaub	*English:* (to) be **on holiday** / (to) go **on holiday** *German:* **in Urlaub** sein / **in Urlaub** fahren
What was it like?	Wie war es?	We went to Spain this summer. – **What was it like?**
at first [ət 'fɜːst]	zuerst, anfangs, am Anfang	What was the weather like? – It was very cold and windy **at first**. Then later it was hot and sunny.
race [reɪs]	Rennen	**a bike race** 
two days **ago** [ə'gəʊ]	vor zwei Tagen	*English:* **two days / five minutes / a year ago** *German:* **vor zwei Tagen / fünf Minuten / einem Jahr**
country ['kʌntri]	Land *(Staat)*	Germany is a big **country** in the middle of Europe.

building [ˈbɪldɪŋ]	Gebäude	 **buildings**
tomorrow [təˈmɒrəʊ]	morgen	Can you call me back **tomorrow** morning? *English:* **tomorrow morning** *German:* **morgen früh**
(to) **bring** [brɪŋ], *simple past:* **brought** [brɔːt]	(mit-, her)bringen	

German "bringen"

(to) **bring** =
mitbringen,
herbringen

Bring me the paper, Max.

(to) **take** =
wegbringen,
hinbringen

And now **take** it to Dad.

if [ɪf]	wenn, falls	! **if** you see them — **wenn/falls** du sie siehst **when** you see them — **wenn/sobald** du sie siehst
p. 11 **revision** [rɪˈvɪʒn]	Wiederholung *(des Lernstoffs)*	
p. 12 **Hold on a minute.** [ˌhəʊld‿ˈɒn] (*oft auch kurz:* **Hold on.)**	Bleib / Bleiben Sie am Apparat. *(am Telefon)*	

p. 13	(to) **make notes (on** sth.) [nəʊts]	(sich) Notizen machen (über/zu etwas) *(zur Vorbereitung)*	
	crib sheet ['krɪb ʃiːt] *(infml)*	Spickzettel, Merkzettel	

Part B

p. 14	**neighbour** ['neɪbə]	Nachbar/in	
	tea [tiː]	*leichte Nachmittags- oder Abendmahlzeit*	! Das Wort **tea** bedeutet nicht nur „Tee". In Großbritannien wird es auch für eine leichte Nachmittags- oder Abendmahlzeit verwendet, die meist aus Sandwiches oder Keksen oder Kuchen und Tee besteht.
	Love, …	Alles Liebe, … / Liebe Grüße, … *(Briefschluss)*	
	Who did you tell?	Wem hast du es erzählt?	
	Who does Sam know?	Wen kennt Sam?	
	for example [fər‿ɪg'zɑːmpl]	zum Beispiel	I like ball games … basketball, **for example**. (F) l'exemple *(m)* (L) exemplum, i
	surprise [sə'praɪz]	Überraschung	A present? For me? That's a nice **surprise**! (F) la surprise

Who …?

1. Wer …?	**Who** likes Abby?	– Maya.
2. Wen …?	**Who does** Maya like?	– Abby.
3. Wem …?	**Who did** Maya help?	– Abby.

	still [stɪl]	trotzdem, dennoch	It wasn't very warm, but we **still** went swimming. ! **still** = **1.** (immer) noch; **2.** trotzdem
	this afternoon/evening/…	heute Nachmittag/Abend/…	Can we meet at 4 o'clock **this afternoon**?
	(to) **move (to)** [muːv]	umziehen (nach)	The Bennetts **moved to** Plymouth last year. (L) movere
	son [sʌn]	Sohn	
	daughter ['dɔːtə]	Tochter	
	already [ɔːl'redi]	schon, bereits	Are you going **already**? Can't you stay?
	sure [ʃʊə], [ʃɔː]	sicher	She's so clever. I'm **sure** she knows the answer. Can I have your pen? – Yes, **sure**.
	(to) **invite** sb. **(to)** [ɪn'vaɪt]	jn. einladen (zu)	Can I **invite** all my friends **to** my birthday party? (F) inviter (L) invitare
	ever ['evə]	jemals	Do you **ever** go to museums? – Yes, sometimes.
p. 15	**Lucky you.** ['lʌki]	Du Glückspilz.	
	(to) **be lucky**	Glück haben	! Sie **hatte Glück**. = She was **lucky**. Sie **war glücklich**. = She was **happy**.
	(to) **look after** sb.	auf jn. aufpassen; sich um jn. kümmern	Sam often has to **look after** his little sister after school.
	(to) **be allowed to do** sth. [ə'laʊd]	etwas tun dürfen	**Are** you **allowed to** watch TV on Sunday mornings? I **wasn't allowed to** go to Sue's party last Friday.

	(to) **hit** [hɪt], *simple past:* **hit**	schlagen	A big boy **hit** me on the nose.
	(to) **roll** [rəʊl]	rollen	The ball **rolled** down the hill.
	out [aʊt]	heraus, hinaus, nach draußen	The weather is nice. Let's go **out** and play football.
	prize [praɪz]	Preis, Gewinn	! **prize** [praɪz] = Preis *(den man gewinnt)* **price** [praɪs] = (Kauf-)Preis *(den man bezahlt)* (F) le prix
	Here you are.	Bitte sehr. / Hier bitte.	Can you give me that pen, please? – **Here you are.**
	…, right?	…, nicht wahr?	You're Amy, **right?** My name is Tim, and this is Ryan.
p. 17	(to) **mean** [miːn], *simple past:* **meant** [ment]	bedeuten	I don't know this word. What does it **mean**?
	subject ['sʌbdʒekt]	Subjekt	In the sentence *Lucy phoned her mum,* "Lucy" is the **subject** and "her mum" is the **object**. (F) le sujet, l'objet *(m)*
	object ['ɒbdʒekt]	Objekt	
p. 18	(to) **get in touch (with** sb.**)** [tʌtʃ]	(mit jm.) Kontakt aufnehmen; sich (mit jm.) in Verbindung setzen	If you come to Plymouth, **get in touch with** me.
	(to) **stay in touch (with** sb.**)**	(mit jm.) Kontakt halten; (mit jm.) in Verbindung bleiben	My grandpa and his best friend **stayed in touch** for over 50 years.
	text message ['tekst mesɪdʒ] (*kurz auch:* **text)**	SMS	

	free	kostenlos	We don't have to buy tickets. The show is **free**. ! **free** = **1.** frei; **2.** kostenlos
	rule [ruːl]	Regel, Vorschrift	Football is fun because its **rules** are so easy.
	host family ['həʊst fæməli]	Gastfamilie	
p. 19	**meaning** ['miːnɪŋ]	Bedeutung	
	context ['kɒntekst]	(Text-, Satz-)Zusammenhang, Kontext	What does 'get' mean? – It has lots of meanings. Show me the word in **context**.
	must [mʌst]	müssen	There's somebody at the door. – That **must** be Uncle Bob.
	similar (to sth./sb.**)** ['sɪmələ]	(etwas/jm.) ähnlich	Their eyes are **similar** but their noses are different. (F) similaire (L) similis, e

Part C

p. 20	(to) walk/run/sail/… **on**	weitergehen/-laufen/-segeln/…	He saw me but he didn't stop and just walked **on**.
	just like … ['dʒʌst laɪk]	genau wie …	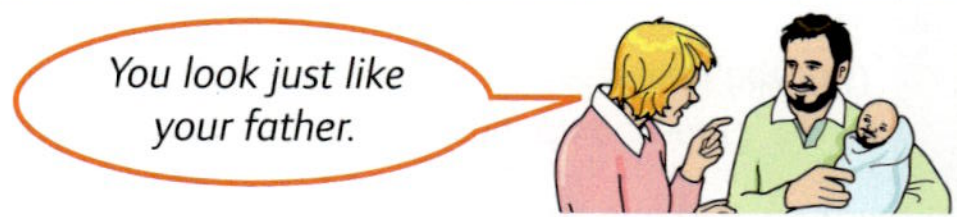
	(to) **be/feel bored** [bɔːd]	gelangweilt sein, sich langweilen	! The film was **boring**. **langweilig** I was **bored**. **gelangweilt**
	term [tɜːm]	Trimester	The school year in Britain has three **terms**.

	boarding school ['bɔːdɪŋ skuːl]	Internat	
	shocked [ʃɒkt]	schockiert, entsetzt	
	outdoor ['aʊtdɔː]	Außen-, im Freien	**outdoor** activities; an **outdoor** swimming pool
	(to) **climb** [klaɪm]	klettern; hinaufklettern (auf)	! Aussprache – das „b" wird nicht gesprochen: **climb** [klaɪm] *English:* (to) **climb** a tree *German:* **auf** einen Baum **klettern**
	(to) **look forward to** sth. ['fɔːwəd]	sich auf etwas freuen	I'm really **looking forward to** the summer holidays.
	tear [tɪə]	Träne	! Aussprache: **tear** [tɪə]  **tears**
p. 21	**unhappy** [ʌn'hæpi]	unglücklich	**happy** ◄► **unhappy**
p. 22	**future** ['fjuːtʃə]	Zukunft; zukünftige(r, s)	! Betonung: **future** ['fjuːtʃə] (F) le futur (L) futurus
p. 23	**jacket** ['dʒækɪt]	Jacke, Jackett	
	pocket ['pɒkɪt]	Tasche *(Manteltasche, Hosentasche usw.)*	
	litter bin ['lɪtə bɪn]	Abfalleimer	

My USA logbook

p. 24	**apartment** [ə'pɑːtmənt]	Wohnung	**!** In den USA verwendet man nur **apartment**. In GB werden **flat** und **apartment** benutzt. Ⓕ l'appartement *(m)*
	screen [skriːn]	Bildschirm	
	fries *(pl)* [fraɪz] *(American English)*	Pommes frites	**!** *American English (AE):* **fries** *British English (BE):* **chips** [tʃɪps] 
	(to) **wash the dishes** *(pl)* [ˌwɒʃ ðə 'dɪʃɪz]	das Geschirr abwaschen, spülen	They're **washing the dishes**. 
	to [tu], [tə]	um zu	We went out **to** play football.
	(to) **land** [lænd]	landen; an Land gehen	
	land [lænd]	Land	
	right now [raɪt 'naʊ]	jetzt gerade	I can't help you **right now**, I have to wash the dishes.

right

1. Three points for the **right** answer.	richtig	**2. Right now** I'm in the library.	jetzt gerade
I think you**'re right**.	… du hast Recht.	Where's Sue? – **Right behind** you.	direkt hinter …, genau hinter …
It's really big, **right**?	…, nicht wahr?		
All right, I'm wrong. You win.	OK / In Ordnung, …	He arrived **right after** the teacher.	gleich nach …

(to) **order** ['ɔːdə]	bestellen	We went into the café and **ordered** sandwiches.
pancake ['pænkeɪk]	Pfannkuchen, Eierkuchen	
outside Rosie's Diner [ˌaʊt'saɪd]	vor *Rosie's Diner;* außerhalb von *Rosie's Diner*	! **outside** = **1.** draußen; nach draußen **2.** vor ...; außerhalb von ...
campsite ['kæmpsaɪt]	Zeltplatz	**a campsite right next to a river**
next to ['nekst tʊ]	neben	
tent [tent]	Zelt	
rocky ['rɒki]	felsig, steinig	
shadow ['ʃædəʊ]	Schatten	
p. 25 **fire** ['faɪə]	Feuer	
(to) **look up** [lʊk‿'ʌp]	hochsehen, aufschauen	
sky [skaɪ]	Himmel	
(to) **be asleep** [ə'sliːp]	schlafen	! Wenn man mit **schlafen** meint, dass jemand **nicht wach ist**, benutzt man **be asleep**. Vergleiche: • It was 11 o'clock, but Emma **was** still **asleep**. • My dog Max usually **sleeps** next to my bed.
torch [tɔːtʃ]	Taschenlampe	a **torch**

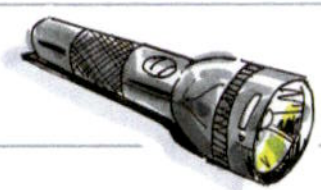

so that … (*oft auch kurz:* **so …**)	sodass, damit	Dad gave me some money **so (that)** I could go to the cinema.
wild [waɪld]	wild	! Aussprache: **wild** [waɪld]
again and again	immer wieder	
(to) **turn** sth. **off** [ˌtɜːn‿ˈɒf]	etwas ausschalten	(to) **turn** sth. **on** ◄► (to) **turn** sth. **off**
(to) **give** sb. **a hug** [hʌg]	jn. umarmen	
this time	dieses Mal	! **time** = **1.** Zeit; Uhrzeit; **2.** Mal
my **own** film/room/… [əʊn]	mein eigener Film / mein eigenes Zimmer / …	! Do you have **your own room**? (*nicht:* ~~an own room~~)
memory [ˈmeməri]	Erinnerung	My dad lived in Berlin twenty years ago. He says he has very nice **memories** of the city. (F) la mémoire (L) memoria, ae

Unit 2 A school day

pp. 28/29	**this year's** musical	das diesjährige Musical	**last year's** musical – **this year's** musical – **next year's** musical
	audition [ɔːˈdɪʃn]	Vorsprechen, Vorsingen, Vorspielen	

call – caller, dance – dancer, …

(to) **call**	anrufen	**caller**	Anrufer/in	(to) **run**	laufen	**runner**	Läufer/in
(to) **dance**	tanzen	**dancer**	Tänzer/in	(to) **shop**	einkaufen	**shopper**	(Ein-)Käufer/in
(to) **fight**	kämpfen	**fighter**	Kämpfer/in	(to) **sing**	singen	**singer**	Sänger/in
(to) **help**	helfen	**helper**	Helfer/in	(to) **speak**	sprechen, reden	**speaker**	Sprecher/in, Redner/in
(to) **listen**	zuhören	**listener**	Zuhörer/in				
(to) **read**	lesen	**reader**	Leser/in	(to) **work**	arbeiten	**worker**	Arbeiter/in

(to) **queue** [kjuː]	Schlange stehen, sich anstellen	They're **queuing** in front of the cinema.
(to) **ring** [rɪŋ], *simple past:* **rang** [ræŋ]	klingeln, läuten	Listen. I think the phone is **ringing**. 
(to) **call out the names**	die Namen aufrufen	
article ['ɑːtɪkl]	Artikel	There's an **article** about Plymstock in the paper. ! Betonung: **<u>ar</u>ticle** ['ɑːtɪkl] (F) l'article (*m*)

Part A

p. 30 **earphones** *(pl)* ['ɪəfəʊnz]	Ohrhörer, Kopfhörer	**earphones** 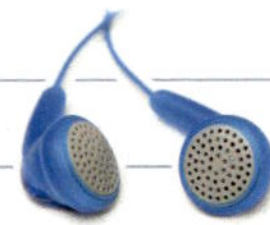

	I'm going to sing a song.	Ich werde ein Lied singen. / Ich habe vor ein Lied zu singen.	
	by ... [baɪ]	von ...	*We are the champions* is a song **by** Queen.
	nervous ['nɜːvəs]	nervös, aufgeregt	! Betonung: **nervous** ['nɜːvəs] (F) nerveux, se
	a bit [ə 'bɪt]	ein bisschen, etwas	Can you turn on the light? It's **a bit** dark.
	You **should** ... [ʃʊd], [ʃəd]	Du solltest ... / Ihr solltet ...	You have a great voice. You **should** sing in a band.
	side [saɪd]	Seite	How can we get to the other **side** of the river?
	a few [ə 'fjuː]	ein paar, einige	We didn't have much money, just **a few** pounds.
p. 31	**present** ['preznt]	Gegenwart	the **past** – the **present** – the **future** (F) le présent (L) praesens, sentis
	dialogue ['daɪəlɒg]	Dialog	! Betonung: **dialogue** ['daɪəlɒg] (F) le dialogue

Part B

p. 32	(to) **get ready (for)** ['redi]	sich fertig machen (für); sich vorbereiten (auf)	It's 6:30. Get up and **get ready for** school.
	mine [maɪn]	meiner, meine, meins	Is that Ryan's pencil? – No, it isn't. It's **mine**.
	worksheet ['wɜːkʃiːt]	Arbeitsblatt	
	(the) longest ... ['lɒŋgɪst]	der/die/das längste ...; am längsten	Grandma wears the **longest** dresses in our family. **long** – **longer** – **longest**

(to) **label** ['leɪbl]	beschriften; etikettieren	
label	Beschriftung; Schild, Etikett	
large [lɑːdʒ]	groß	
(to) **get on** [ˌget_'ɒn]	vorankommen, zurechtkommen	How are you **getting on** with your task? – OK, but it's a bit hard.
(to) **mean** [miːn], *simple past:* **meant** [ment]	meinen, sagen wollen	! (to) **mean** = **1.** bedeuten – What does 'tent' **mean**? **2.** meinen, sagen wollen – I don't understand. What do you **mean**?
(not) as big **as** [æz], [əz]	(nicht) so groß wie	
bigger **than** [ðæn], [ðən]	größer als	
(to) **get** sth.	(sich) etwas besorgen, (sich) etwas holen	Can you go to the market and **get** some oranges?

(to) get, *simple past*: got

1. bekommen	Did you **get** nice birthday presents?
2. besorgen, holen	Can you **get** the tickets for the match?
3. gelangen, (hin)kommen	How can we **get** to the other side?
4. werden	My parents **get** angry when I'm late.

Remember:

(to) **get on**	vorankommen, zurechtkommen
(to) **get on/off (the bus)**	ein-/aussteigen
(to) **get ready**	sich fertig machen
(to) **get up**	aufstehen

	ours ['aʊəz]	unserer, unsere, unseres	Dad, that's not our car! **Ours** is green.

	awful ['ɔːfl]	schrecklich, fürchterlich	
p. 33	**mistake** [mɪ'steɪk]	Fehler	
	square kilometre (sq km) [skweə]	Quadratkilometer (km²)	
p. 34	**tall** [tɔːl]	groß *(Person)*; hoch *(Gebäude, Baum)*	

German "groß"

big, large	**big** und **large** sind oft austauschbar:	a **big/large** family; a **big/large** lake
	large wird in der Regel nicht verwendet, um Menschen zu beschreiben.	a very **big** man
tall	**tall** benutzt man, wenn es um die Größe von Personen (und Tieren) oder die Höhe von Gebäuden, Bäumen u.Ä. geht.	a **tall** man

(the) earth [ɜːθ] (*oft auch:* **Earth)**	(die) Erde *(der Planet)*	*English:* **on earth** *German:* **auf der Erde**

	about [ə'baʊt]	ungefähr	There were **about** 300 people in the park.
	plane [pleɪn]	Flugzeug	*English:* **on the plane** *German:* **im Flugzeug**
p. 35	(to) **read aloud** [ə'laʊd]	laut (vor)lesen	
	(to) **make sure that …**	sich vergewissern, dass …; darauf achten, dass …; dafür sorgen, dass …	Please **make sure that** you turn off the light when you leave the room.
	everything ['evriθɪŋ]	alles	**everything ◄► nothing**
	(to) **pause** [pɔːz]	innehalten, pausieren; eine Pause einlegen	She **paused** a moment before she answered my question.
	scared [skeəd]	verängstigt	! The film **was scary**. – … **war unheimlich, gruselig**. I **was scared**. – Ich **war verängstigt**. / Ich **hatte Angst**.

Punctuation [ˌpʌŋktʃu'eɪʃn] **(Zeichensetzung)**

.	**full stop** [ˌfʊl 'stɒp]	Punkt	?	**question mark** ['kwestʃən mɑːk]	Fragezeichen
,	**comma** ['kɒmə]	Komma	!	**exclamation mark** [ˌekskləˈmeɪʃn mɑːk]	Ausrufezeichen
:	**colon** ['kəʊlən]	Doppelpunkt	-	**hyphen** ['haɪfən]	Bindestrich

(to) **change** [tʃeɪndʒ]	(ver)ändern; sich (ver)ändern	She **changes** her hair colour all the time. (F) changer

Part C

pp. 36/37	**brilliant** ['brɪliənt]	großartig, genial, glänzend	He's only 16 and he's already a **brilliant** footballer.
	yours [jɔːz]	deiner, deine, deins; eurer, eure, eures	
	hers [hɜːz]	ihrer, ihre, ihrs	

Possessivpronomen (Possessive pronouns)

I	**my** dog	**mine**	meiner, meine, meins	**we**	**our** cat	**ours**	unserer, unsere, unseres
you	**your** dog	**yours**	deiner, deine, deins	**you**	**your** cat	**yours**	eurer, eure, eures
he	**his** dog	**his**	seiner, seine, seins	**they**	**their** cat	**theirs**	ihrer, ihre, ihrs
she	**her** dog	**hers**	ihrer, ihre, ihrs				

lovely ['lʌvli]	schön, hübsch, herrlich	We had **lovely** weather last week. It was warm and sunny every day.
even ['iːvn]	sogar	Everybody tried to help, **even** the children. The River Thames is very long, but the River Severn is **even** longer. (= … sogar noch länger)
more beautiful **(than)** [mɔː]	schöner (als)	Do you think Olivia is **more beautiful than** Stella?
(the) most beautiful [məʊst]	der/die/das schönste …; am schönsten	I think this village is **the most beautiful** place in Britain.
so far	bis jetzt; bis hierher	What's the book like? – **So far** it's really interesting.

	stage [steɪdʒ]	Bühne	The band went on **stage** and started to play.
	on my/your/their/… own [əʊn]	allein	Ryan didn't want to dance, so I danced **on my own**. The cake looks great. Did you make it **on your own**?
	talented ['tæləntɪd]	begabt, talentiert	! Betonung: **<u>ta</u>lented** ['tæləntɪd]
	(to) **cheer** [tʃɪə]	jubeln	
	(to) **clap** [klæp]	(Beifall) klatschen	*English:* **Clap** your **hands** if you like it. *German:* **Klatscht** in die **Hände** …
p. 38	**theatre** ['θɪətə]	Theater	! Betonung: **<u>the</u>atre** ['θɪətə] (F) le théâtre (L) theatrum, i
	concert ['kɒnsət]	Konzert	! Betonung: **<u>con</u>cert** ['kɒnsət] (F) le concert
	recorder [rɪ'kɔːdə]	Blockflöte	a **recorder** 
	syllable ['sɪləbl]	Silbe	(F) la syllabe (L) syllaba, ae
	fashion ['fæʃn]	Mode	
	round the world [raʊnd]	um die Welt	
	town hall [ˌtaʊn 'hɔːl]	Rathaus	
	snow [snəʊ]	Schnee	
p. 39	**whose?** [huːz]	wessen?	**Whose** shoe is this? – It's mine.

	paw [pɔː]	Pfote, Tatze	
	stairs *(pl)* [steəz]	Treppe; Treppenstufen	
p. 40	What **could** be better? [kʊd], [kəd]	Was könnte besser sein?	What can we do this evening? – Well, we **could** watch a DVD or go to the cinema. ! **could** = **1.** konnte(n); **2.** könnte(n)
	clear [klɪə]	klar, deutlich	(F) clair, e (L) clarus
	size [saɪz]	Größe	It's a nice dress, but it's not the right **size**. It's too big.
	correct [kə'rekt]	richtig, korrekt	(F) correct, e (L) rectus
	like this	so	Do it **like this**: take a pencil and a ruler, then ...
p. 41	(to) **lie** [laɪ], *simple past:* **lay** [leɪ]	liegen	! -ing form: **lying** Why are you **lying** on the road?
	(to) **wake** sb. **up** [ˌweɪk‿'ʌp], *simple past:* **woke up** [ˌwəʊk‿'ʌp]	jn. (auf)wecken	Can you **wake** me **up** at 6 tomorrow morning?
	shy [ʃaɪ]	schüchtern, scheu	Come on, don't be **shy**. Go and ask them.

pp. 42/43	(to) **stick** sth. **into** sth. [stɪk], *simple past:* **stuck** [stʌk]	etwas in etwas stechen, stecken	He **stuck** his hand into the box and took out some biscuits.
	fork [fɔːk]	Gabel	
	knife [naɪf], *pl* **knives** [naɪvz]	Messer	
	spoon [spuːn]	Löffel	
	(to) **drop** sth. [drɒp]	etwas fallen lassen	Be careful. Don't **drop** that bottle.
	drama ['drɑːmə]	Schauspiel; darstellende Kunst	
	gel [dʒel]	Gel	! Aussprache: **gel** [dʒel]
	sunglasses *(pl)* ['sʌnglɑːsɪz]	*(eine)* Sonnenbrille	! **glasses** und **sunglasses** sind Pluralwörter! *English:* I need my **glasses**. Where **are they**? *German:* I brauche meine **Brille**. Wo **ist sie**?
	glasses *(pl)* ['glɑːsɪz]	*(eine)* Brille	
	arm [ɑːm]	Arm	
	flash [flæʃ]	Lichtblitz	
	(to) **shake** [ʃeɪk], *simple past:* **shook** [ʃʊk]	schütteln	*English:* "No," he said and **shook his head**. *German:* „Nein", sagte er und **schüttelte den Kopf**.

(to) **beep** [biːp]	piepen	
(to) **wish** [wɪʃ]	wünschen	*English:* I **wish** it **was** warmer. *German:* Ich **wünschte**, es **wäre** wärmer.
(to) **stand** [stænd], *simple past:* **stood** [stʊd]	stehen; sich (hin)stellen	 Now Tom is standing on the chair. 
most people / **most of them** [məʊst]	die meisten Menschen / die meisten von ihnen	**Most** children like hamsters and rabbits.
one by one	einer nach dem anderen	She ate all the biscuits, **one by one**.
except [ɪk'sept]	außer, bis auf	
good-looking [ˌgʊd'lʊkɪŋ]	gutaussehend	
Anyway, … ['eniweɪ]	Jedenfalls, … / Wie dem auch sei, … / Aber egal, …	Is Justin's dad American? – I'm not sure. **Anyway**, he lives in the United States now. Sorry, I still don't agree with you. **Anyway**, let's stop

pp. 46/47

out and about	unterwegs	
opposite ['ɒpəzɪt]	gegenüber (von)	
post office ['pəʊst‿ɒfɪs]	Postamt	
station ['steɪʃn]	Bahnhof	
church [tʃɜːtʃ]	Kirche	
roundabout ['raʊndəbaʊt]	Kreisverkehr	
on the corner of Church Road **and** London Road	Church Road, Ecke London Road	

The post office is opposite the church.

(to) **cross** [krɒs]	überqueren, kreuzen; sich kreuzen	Don't **cross** the road here. It's too dangerous. The two roads **cross** in the town centre.
(to) **turn left/right** [left], [raɪt]	(nach) links/rechts abbiegen	(F) tourner à gauche / à droite

left – right

Do you write with your **left** hand or your **right** hand?	Schreibst du mit der **linken** oder mit der **rechten** Hand?
I think we have to turn **left/right** here.	Ich glaube, wir müssen hier **(nach) links/rechts** abbiegen.
I looked **left** and **right** but I couldn't see my friends.	Ich sah **nach links** und **nach rechts**, aber …
On the left, you can see Morris, my cat.	**Links/Auf der linken Seite** …
My dog Alice is **on the right**.	**Rechts/Auf der rechten Seite** …

straight on [streɪt‿'ɒn]	geradeaus weiter	The station? Turn left here, and then go **straight on**.
past [pɑːst]	vorbei (an), vorüber (an)	Walk **past** the post office and turn right.
Excuse me, … [ɪk'skjuːz miː]	Entschuldigung, … / Entschuldigen Sie, …	(F) Excusez-moi, … (L) excusare

"Entschuldigung"

- **Excuse me, …** sagt man, wenn man jemanden anspricht, z. B. wenn man um eine Auskunft bittet.
  Excuse me, what's the time, please?
  Excuse me, does this bus go to Plymouth?
- **Sorry, …** sagt man, wenn man sich für etwas entschuldigen möchte.
  You're late, Stella. – **I'm sorry.** I missed the bus.
  Can you come at three o'clock? – **Sorry,** I can't.

(to) **tell** sb. **the way (to …)**	jm. den Weg (nach …) beschreiben	Excuse me, can you **tell me the way to** the station?
(to) **ask** sb. **the way**	jn. nach dem Weg fragen	I don't know where we are. Let's **ask somebody the way**.
visitor ['vɪzɪtə]	Besucher/in, Gast	(F) le visiteur, la visiteuse

Part A

pp. 48/49 **pedestrian zone** [pə'destrɪən zəʊn]	Fußgängerzone	

after ['ɑːftə]	nachdem	! **after** – **1.** nach – **after** school **2.** nachdem – **after** I came home **before** ◄► **after**
just after …	gleich nachdem …; kurz nachdem …	It started to rain **just after** we came home.
(to) **cost** [kɒst], *simple past:* **cost**	kosten	How much did your new computer **cost**?
(to) **close** [kləʊz]	schließen, zumachen	(to) **close** ◄► (to) **open**
chocolate ['tʃɒklət]	Praline	! **chocolate** = **1.** Schokolade; **2.** Praline
(to) **need to do** sth. [niːd]	etwas tun müssen	You don't **need to** feed the cats. I fed them this morning. (= You don't have to feed the cats.)
flower ['flaʊə]	Blume; Blüte	(F) la fleur
stall [stɔːl]	(Markt-)Stand	I bought some T-shirts at a **stall** at the market.
city ['sɪti]	Stadt, Großstadt	
plastic ['plæstɪk]	Plastik, Kunststoff	
felt pen [ˌfelt 'pen]	Filzstift	
as [æz], [əz]	als, während	Everybody cheered **as** the band went on stage.

cash desk ['kæʃ desk]	Kasse *(in Geschäften)*	
shop assistant ['ʃɒp‿əˌsɪstənt] (*kurz auch:* **assistant)**	Verkäufer/in	
set [set]	Satz, Set	
Have you got …? [gɒt]	Haben Sie …? / Hast du …? / Habt ihr …?	

German "haben"

Im *simple present* wird oft **have got** für das deutsche „haben" verwendet:
Kurzformen: I**'ve got**, you**'ve got**, we**'ve got**, they**'ve got**
he**'s got**, she**'s got**, it**'s got**

My grandparents **have got** a dog.
We **haven't got** a dog.
Have you **got** a dog?
– Yes, I **have**. / No, I **haven't**.

! Vorsicht im *simple past*! Nicht ~~*had got*~~:

When I was little I **had** a hamster.
Did you **have** a hamster when you were little?
– Yes, I **did**. / No, I **didn't**.

	change [tʃeɪndʒ]	Wechselgeld	
p. 50	(to) **know about** sth.	sich mit etwas auskennen; über etwas Bescheid wissen	Now we **know about** relative clauses.
p. 52	**gram** [græm]	Gramm	

	packet ['pækɪt]	Packung, Päckchen	
	tin [tɪn]	Dose	

a bottle of …, a packet of …

a bottle of milk

a packet of biscuits

a plate of chips

a tin of soup

a basket of fruit

a kilo of oranges

200 grams of cheese

	juice [dju:s]	Saft	(F) le jus
	tomato [tə'mɑ:təʊ], *pl* **tomatoes**	Tomate	(F) la tomate
	sock [sɒk]	Socke	
p. 53	(to) **scan a text** [skæn]	einen Text schnell nach bestimmten Wörtern/ Informationen absuchen	
	souvenir [ˌsu:və'nɪə]	Andenken, Souvenir	(F) le souvenir

Part B

p. 54	**magic** ['mædʒɪk]	magisch, Zauber-	Do you know the story of Aladdin and his **magic** lamp? (F) magique
	(to) **make** sb. sth.	jn. zu etwas machen	"We're going to **make** you a star," the people at the film studio said.
	(to) **fight** sb. [faɪt], *simple past:* **fought** [fɔːt]	jn. bekämpfen; gegen jn. kämpfen	The farmer had to **fight** the rats on his farm.
	just then	genau in dem Moment; gerade dann	At three o'clock we wanted to go swimming, and **just then** it started to rain.
	he shook his head **slowly** ['sləʊli]	er schüttelte langsam den Kopf	! • adjective: **slow** – We took a **slow** bus through the mountains. • adverb: **slowly** – The bus travelled **slowly** through the mountains.
	wall [wɔːl]	Mauer; Wand	That **wall** is too high. We can't climb it. Every room has four **walls**. (L) vallum
	in a loud voice	mit lauter Stimme	*English:* He always speaks **in a loud voice**. *German:* Er spricht immer **mit lauter Stimme**.
	good	brav	If you're a **good** boy, you can have an ice cream. ! **good** = **1.** gut – a **good** book/film/story **2.** brav – a **good** boy/girl/dog
	responsible [rɪ'spɒnsəbl]	verantwortlich	(F) responsable

	well [wel]	gut	! • adjective: **good** – She has a **good** voice. • adverb: **well** – She sings **well**.
	(to) **worry (about)** ['wʌri]	sich Sorgen machen (wegen, um)	My dad **worries about** me if I come home late.
	(to) **happen (to)** ['hæpən]	geschehen, passieren (mit)	Your face is black. What **happened to** you?
p. 55	(to) **describe** sth. **(to** sb.**)** [dɪ'skraɪb]	(jm.) etwas beschreiben	*English:* **Describe** the picture **to your group**. *German:* **Beschreibe** das Bild **deiner Gruppe**. (F) décrire qc. (à qn.) (L) describere
	irregular [ɪ'regjələ]	unregelmäßig	**regular ◄► irregular** (F) (ir)régulier, ère
p. 56	**topic** ['tɒpɪk]	Thema, Themengebiet	This is a great article on an interesting **topic**.
	(to) **hang** [hæŋ], *simple past:* **hung** [hʌŋ]	hängen	**Hang** the best posters on your classroom wall.
	(to) **highlight** ['haɪlaɪt]	hervorheben, markieren *(mit Textmarker)*	
	(to) **underline** [ˌʌndə'laɪn]	unterstreichen	
	draft [drɑːft]	Entwurf	

Master Wu and the magic book

p. 58 **broken** ['brəʊkən] — zerbrochen, kaputt; gebrochen

a **broken** plate

a **broken** arm

that's why	deshalb, darum	Oliver was sick. **That's why** he didn't come to school.
gate [geɪt]	Tor, Pforte, Gatter	
Cut! [kʌt]	Schnitt! *(beim Filmen)*	
(to) **cut** [kʌt], *simple past:* **cut**	schneiden	
(to) **disappear** [ˌdɪsəˈpɪə]	verschwinden	(F) disparaître
up here	hier oben; nach hier oben	"I'm **up here**, on the wall," she shouted. **up here ◄► down there**
roof [ruːf]	Dach	
view (of) [vjuː]	Aussicht, Blick (auf)	We had a great **view of** the area from the roof of the building. (F) la vue
shore [ʃɔː]	Ufer *(eines Sees)*, Strand	
(to) **whisper** [ˈwɪspə]	flüstern	"I think there's a ghost in the house," he **whispered**.
further [ˈfɜːðə]	weiter	Berlin is **further** from London than Essen. **far – further – furthest** weit – weiter – am weitesten
p. 59 **hole** [həʊl]	Loch	a **hole** in my shoe 
up to	bis (zu)	Read **up to** the third paragraph, please. After three days of rain, the water came **up to** the windows of their house.

waist [weɪst]	Taille	
the only … ['əʊnli]	der/die/das einzige …; die einzigen…	Jennifer and Julie are **the only** twins in our class.
wood [wʊd]	Holz	
(to) **hurry** ['hʌri]	eilen; sich beeilen	It was cold and windy so we **hurried** to the car. **Hurry (up)**, we haven't got much time.
thanks to Maya	dank Maya	We had a great holiday **thanks to** the sunny weather.
lip [lɪp]	Lippe	
(to) **hug** sb. [hʌg]	jn. umarmen	She **hugged** me when I told her the good news.
(to) **rescue** ['reskjuː]	retten	I fell into the river, but a dog came and **rescued** me.

Unit 4 On Dartmoor

p. 66	**background** ['bækgraʊnd]	Hintergrund	There are two boys in the **foreground**. In the **background**, you can see a lake. 
	foreground ['fɔːgraʊnd]	Vordergrund	
	at the bottom (of) ['bɒtəm]	unten, am unteren Ende (von)	Now do the exercises **at the bottom of** the page. **at the top (of)** ◄► **at the bottom (of)**
	countryside ['kʌntrisaɪd]	Landschaft, ländliche Gegend	The **countryside** in Devon and Cornwall is beautiful.

(to) **begin** [bɪ'gɪn], *simple past:* **began** [bɪ'gæn]	beginnen, anfangen	(to) start
field [fiːld]	Feld, Acker, Weide	*English:* **in the field** – *German:* **auf dem Feld**
footprint ['fʊtprɪnt]	Fußabdruck	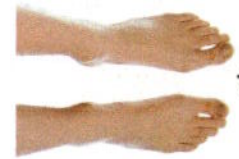 **two feet**
foot [fʊt], *pl* **feet** [fiːt]	Fuß	**footprints in the sand** 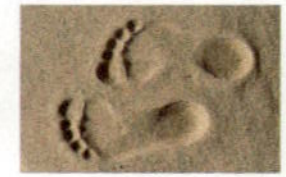
grass [grɑːs]	Gras; Rasen	
mist [mɪst]	(leichter) Nebel, Dunst(schleier)	
pony ['pəʊni]	Pony	! Aussprache: **pony** ['pəʊni]
valley ['væli]	Tal	(F) la vallée (L) valles
p. 67 **cow** [kaʊ]	Kuh	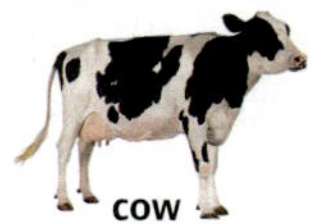 **cow**
sheep, *pl* **sheep** [ʃiːp]	Schaf	 **goat**
goat [gəʊt]	Ziege	 **three sheep**
etc. (et cetera) [et'setərə]	usw. (und so weiter)	We need a lot of things for the sandwiches: bread, cheese, tomatoes, **etc.**
poem ['pəʊɪm]	Gedicht	(F) le poème

Part A

p. 68 **twice** [twaɪs]	zweimal	

once [wʌns]	einmal	**once** (1x) – **twice** (2x) – **three times** (3x)
not … anybody/anyone ['enibɒdi, 'eniwʌn]	niemand	I think there's somebody in the garden. – It's too dark. I **can't** see **anybody**.
over there	da drüben, dort drüben	
told [təʊld]	*3. Form (Partizip Perfekt) von „tell"*	! Die dritte Form des Verbs nennt man **Partizip Perfekt** (Englisch: *past participle*).
just [dʒʌst]	gerade (eben), soeben	I'm new in Hamburg. I've **just** moved here.
made [meɪd]	*Partizip Perfekt von „make"*	

Irregular past participles

(to) **be**	**was/ were**	**been** [biːn]	sein	(to) **eat**	**ate**	**eaten** ['iːtn]	essen
(to) **break**	**broke**	**broken** ['brəʊkən]	(zer)brechen; kaputt machen/gehen	(to) **fall**	**fell**	**fallen** ['fɔːlən]	(hin)fallen, stürzen
(to) **come**	**came**	**come** [kʌm]	kommen	(to) **go**	**went**	**gone** [gɒn]	gehen; fahren
(to) **do**	**did**	**done** [dʌn]	machen, tun	(to) **have**	**had**	**had** [hæd]	haben
				(to) **hide**	**hid**	**hidden** ['hɪdn]	(sich) verstecken
				(to) **see**	**saw**	**seen** [siːn]	sehen

→ *List of irregular verbs*, pp. 72–75

not … anything ['eniθɪŋ]	nichts	You should eat something. – I'm too nervous. I **can't** eat **anything** right now.

	anybody? / anyone?	(irgend)jemand?	Do you know **anybody** who can help me with this?
	(to) **look around (the farm)**	sich (auf der Farm) umsehen	
	hay [heɪ]	Heu	
	key [kiː]	Schlüssel	

before

1. vor	Wash your hands **before** lunch.
2. bevor	Wash your hands **before** we eat.
3. (vorher) schon mal	I've seen the film **before**. I don't want to watch it again. Have you been to England **before**, or is this your first visit?
4. (vorher) noch nie	I've never eaten crab meat **before**. It's nice.

	(to) **own** [əʊn]	besitzen	! She **owns** *(besitzt)* her **own** *(eigenes)* home.
	moor [mɔː], [mʊə]	Hochmoor	
	once/twice **a week/year**	einmal/zweimal pro Woche/Jahr	We love Indian food. We have it about twice **a month**.
p. 69	**that way** [weɪ]	dort entlang; in die Richtung	We have to go **this way** *(hier entlang)*, not **that way** *(dort entlang)*.
	mud [mʌd]	Schlamm, Matsch	
	(to) **leave** sth. [liːv], **left, left**	etwas übrig lassen	Don't eat all the biscuits. **Leave** some for me, please.

(to) leave, left, left

1. lassen	Don't **leave** the windows open when you go.
2. übrig lassen	Don't you think we should **leave** some scones for Mum and Dad?
3. zurücklassen	You shouldn't **leave** your dog in the car when you go shopping.
4. verlassen	It's sad: Mike's mum wants to **leave** his dad. I took my bag and **left** the room.
5. (weg)gehen; abfahren	Get your jacket. We're **leaving**. When does the bus to Plymouth **leave**?

bath [bɑːθ] — Bad — *English:* (to) **have a bath / **(to) **take a bath** *German:* **baden, ein Bad nehmen**

p. 70

Irregular past participles

(to) **bring**	**brought**	**brought** [brɔːt]	(mit-, her)bringen
(to) **buy**	**bought**	**bought** [bɔːt]	kaufen
(to) **feed**	**fed**	**fed** [fed]	füttern
(to) **hear**	**heard**	**heard** [hɜːd]	hören
(to) **meet**	**met**	**met** [met]	(sich) treffen
(to) **run**	**ran**	**run** [rʌn]	rennen, laufen
(to) **take**	**took**	**taken** ['teɪkən]	(mit)nehmen; (weg-, hin) bringen
(to) **throw**	**threw**	**thrown** [θrəʊn]	werfen
(to) **wake up**	**woke up**	**woken up** ['wəʊkən]	aufwachen
(to) **win**	**won**	**won** [wʌn]	gewinnen
(to) **write**	**wrote**	**written** ['rɪtn]	schreiben

➔ *List of irregular verbs*, pp. 72–75

Oh dear! [dɪə] — Oje! — **Oh dear**, English has lots of irregular past participles.

Part B

p. 72 **lamb** [læm]	Lamm	! Aussprache – das „b“ wird nicht gesprochen: **lamb** [læm]
barn [bɑːn]	Scheune	
bacon ['beɪkən]	Schinkenspeck	
egg [eg]	Ei	
a glass (of) [glɑːs]	ein Glas	On Sundays, I always have **bacon** and **eggs** and a **glass of** orange juice for breakfast.

Verb + Adverb

Wie du weißt, verwendet man **Adverbien der Art und Weise**, um zu sagen, **wie jemand etwas tut**:

She shouted **angrily** at me.
Sie schrie mich wütend an.
He looked around **nervously**.
Er sah sich nervös um.
Messi plays **fantastically**.
Messi spielt fantastisch.

Verb + Adjektiv

Nach Verben wie **feel, sound, look, smell, taste** stehen **Adjektive**, denn hier geht es nicht darum, wie jemand etwas tut, sondern darum, **wie jemand oder etwas ist**:

She felt **angry** and a bit **sad**.
Sie fühlte sich wütend und ein bisschen traurig.
He sounded/looked **nervous**.
Er klang nervös / sah nervös aus.
The soup smelled/tasted **fantastic**.
Die Suppe roch/schmeckte fantastisch.

delicious [dɪ'lɪʃəs]	köstlich, lecker	The pizza looked **delicious**, but it tasted very funny. (F) délicieux, se (L) deliciae

Have you ever **been to** …?	Bist du jemals in … gewesen?	• Has she ever **been to** Italy? – Oh yes, many times. *War sie schon mal in Italien? …* • Has she **gone to** Italy? – Yes, she has. She's in Rome right now. *Ist sie nach Italien gefahren? …*
Have you … **yet?** [jet]	Hast du schon …?	! **yet** = **1.** *(in Fragen)* **schon**: Have you done your homework **yet?** **2.** *(in Verneinungen)* **noch nicht**: I'm hungry. I have**n't** had breakfast **yet**.
I'd love to …	Ich würde sehr gern …	**I'd love to** look at the lambs now.
dirty ['dɜːti]	schmutzig	**dirty** ◄► **clean**
a pair (of) [peə]	ein Paar	 **a pair of trainers** **a pair of walking boots** 
boot [buːt]	Stiefel	
(to) **lose** [luːz]**, lost, lost** [lɒst]	verlieren	(to) **lose money / a job** ◄► (to) **find money / a job** (to) **lose a match** ◄► (to) **win a match**
strong [strɒŋ]	stark, kräftig	
anything?	(irgend)etwas?	Do you know **anything** about sheep farming?
sweet [swiːt]	süß	

heavy ['hevi]	schwer *(von Gewicht)*	! • a **heavy** box – eine **schwere** Kiste • a **hard** exercise – eine **schwere** Übung
one more photo [mɔː]	noch ein Foto; ein weiteres Foto	We need **two more** photos and **one more** article for our school magazine.
quick [kwɪk]	schnell	I had a **quick** bath after football.
(to) **be missing** ['mɪsɪŋ]	fehlen	Almost all my friends were at the party. Only Olivia **was missing**.

p. 73

Irregular past participles

(to) **choose**	**chose**	**chosen** ['tʃəʊzn]	(aus)wählen	(to) **ride**	**rode**	**ridden** ['rɪdn]	reiten; *(Rad)* fahren
(to) **drink**	**drank**	**drunk** [drʌŋk]	trinken				
(to) **find**	**found**	**found** [faʊnd]	finden	(to) **sell**	**sold**	**sold** [səʊld]	verkaufen
(to) **hit**	**hit**	**hit** [hɪt]	schlagen	(to) **show**	**showed**	**shown** [ʃəʊn]	zeigen
(to) **read** [riːd]	**read**	**read** [red]	lesen	(to) **sleep**	**slept**	**slept** [slept]	schlafen

➜ *List of irregular verbs*, pp. 72–75

p. 74	(to) **mark** sth. **up** [ˌmɑːk_'ʌp]	etwas markieren, kennzeichnen	
p. 75	(to) **decide** [dɪ'saɪd]	beschließen, sich entscheiden	We **decided** to do a project about Dartmoor. (F) décider (L) decidere
	(to) **be interested (in)** ['ɪntrəstɪd]	interessiert sein (an), sich interessieren (für)	! an **interesting** book – **interessant** I'm **interested in** history. – **interessiert an**
	waterfall ['wɔːtəfɔːl]	Wasserfall	

train [treɪn]	Zug	I met two boys from Italy **on the train** to Berlin. (… **im** Zug nach Berlin)
(to) **take** [teɪk], **took** [tʊk], **taken** ['teɪkən]	*(Zeit)* brauchen; dauern	The bus to the station only **takes** ten minutes. It **takes** about 15 minutes to get to school.
stamp [stæmp]	Stempel	

Part C

p. 76 **everywhere** ['evriweə]	überall	Oh no, look what you've done! Now there's water **everywhere**!
for ever [fər‿'evə]	(für) immer; ewig	I hope Simon arrives soon. We can't wait **for ever**.
for miles [maɪlz]	meilenweit	1 **mile** = 1.6 kilometres
(to) **hurt, hurt, hurt** [hɜːt]	schmerzen, wehtun; verletzen	**hurt** **1. schmerzen** My feet/These shoes **hurt**. I need a break. **2. verletzen** I **hurt my foot** in a tennis match. **3. verletzt** Look, that man is **hurt**. We have to help him.
not … any more	nicht mehr	The Greens do**n't** live here **any more**. They're in London now.

	across the moor/the street [ə'krɒs]	(quer) über das Moor/die Straße	He ran **across** the road in front of a very fast car.
	impossible [ɪm'pɒsəbl]	unmöglich	It's **impossible** to run a mile in two minutes.
	(to) **pass** sth./sb. [pɑːs]	an etwas/jm. vorbeigehen/ vorbeifahren	I **pass** 14 shops every morning on my way to school.
	path [pɑːθ]	Pfad, Weg	
	raincoat ['reɪnkəʊt]	Regenmantel	
	coat [kəʊt]	Mantel	
	until [ən'tɪl]	bis	We watched TV **until** 11 pm last night. Let's go inside **until** the rain is over.
	(to) **cry** [kraɪ]	schreien; weinen	Someone **cried** "Help!" from an upstairs window. "Oh dear, are you hurt? Don't **cry**, I can help you."
p. 77	**jigsaw** ['dʒɪgsɔː]	Puzzle	
	verse [vɜːs]	Vers, Strophe	(L) versus, us
p. 78	**otter** ['ɒtə]	Otter	
	(to) **train** [treɪn]	trainieren	
	deer, *pl* **deer** [dɪə]	Reh, Hirsch	
p. 79	**adder** ['ædə]	Kreuzotter	

an **otter**

an **adder**

deer

p. 80	**tulip** ['tjuːlɪp]	Tulpe	(F) la tulipe
	adventure [əd'ventʃə]	Abenteuer	(F) l'aventure *(f)*
	(to) **nod** [nɒd]	nicken	*English:* "Yes," she said and **nodded** her **head**. *German:* „Ja", sagte sie und **nickte** mit dem **Kopf**. (to) **nod your head** ◄► (to) **shake your head**
	(to) **wander** ['wɒndə]	herumlaufen; herumirren	We **wandered** through the town and looked at the old buildings.
	cocoa ['kəʊkəʊ]	Kakao	
	both [bəʊθ]	beide	Do you want to buy **both** T-shirts?
	fireplace ['faɪəpleɪs]	Kamin	
	a mug (of) [mʌg]	ein Becher	I love a **mug of** hot cocoa when it's cold outside.

	ruin ['ruːɪn]	Ruine	(F) la ruine
	ground [graʊnd]	(Erd-)Boden	! **ground** = Erdboden – **floor** = Fußboden
	pretty ['prɪti]	hübsch	 **a pretty English cottage**
	cottage ['kɒtɪdʒ]	Häuschen, Cottage	
	full (of) [fʊl]	voll	Parts of Devon are **full of** tourists in the summer.
	one night/day	eines Nachts/Tages	**One night** our cat went out and never came back.
	(to) **believe** [bɪ'liːv]	glauben	That can't be true! I don't **believe** it!
	kind [kaɪnd]	freundlich, nett	
p. 81	(to) look **closely** ['kləʊsli]	genau hinschauen	"Is there really a bird in that tree? I can't see it." – "Yes, just look more **closely**."
	honour ['ɒnə]	Ehre	(F) l'honneur *(m)* (L) honor, is
	a **nearby** town ['nɪəbaɪ]	eine nahegelegene Stadt	

(to) move

The Greens have **moved to** London. — Die Greens sind **nach** London **(um)gezogen**.
And the Browns want to **move** too. — Und die Browns wollen auch **umziehen**.
The Greens **moved into** a nice house in Richmond. — Die Greens sind **in** ein schönes Haus in Richmond **(ein)gezogen**.
When did they **move in**? — Wann sind sie **eingezogen**?

		instead?
not … either ['aɪðə], ['iːðə]	auch nicht	I'm not going to Sue's party. – I'm **not** going **either**. My sister doesn't like zoos, and I do**n't either**.
fence [fens]	Zaun	
around … [ə'raʊnd]	um … (herum)	

around

1. **herum…/ umher…**	We walked **around** until we found a nice café. The kids ran **around** in the park.	herumlaufen, umherspazieren herumrennen, umherrennen
2. **in … umher, durch**	Morph walked **around** the library and looked at the books. They rode their bikes **around** the village.	in der Bücherei umher, durch die Bücherei im Dorf umher, durch das Dorf
3. **um … (herum)**	We're going to put a new fence **around** the garden. Let's run **around** the lake and see who is fastest. ! *(auch zeitlich:)* Can we meet **around** 6 pm?	um den Garten (herum) um den See (herum) um 18 Uhr herum, gegen 18 Uhr

(to) **grow** [grəʊ], **grew** [gruː], **grown** [grəʊn]	wachsen	Orange trees don't **grow** in cold countries. ! (to) **grow** = **1.** wachsen; **2.** anbauen, anpflanzen
(to) **plant** [plɑːnt]	pflanzen	The Gardening Club is going to **plant** some trees. (F) planter

not even	(noch) nicht einmal	I don't like desserts. – What? **Not even** ice cream? ! • He **even** opened the letter! Er hat den Brief **sogar** geöffnet! • He did**n't even** open the letter! Er hat den Brief **noch nicht einmal** geöffnet!
grave [greɪv]	Grab	
(to) **appear** [ə'pɪə]	erscheinen, auftauchen	(to) **appear** ◄► (to) **disappear** (F) apparaître ◄► disparaître

Unit 5 Celebrate!

pp. 84/ 85	(to) **celebrate** ['selɪbreɪt]	feiern	My grandmother **celebrated** her 80th birthday last week. (F) célébrer (L) celebrare
	celebration [ˌselɪ'breɪʃn]	Feier	(F) la célébration (L) celebratio, onis
	parade [pə'reɪd]	Parade, Umzug	
	mayor [meə]	Bürgermeister/in	! Aussprache: **mayor** [meə] (F) le/la maire
	(to) **light** [laɪt], **lit, lit** [lɪt]	anzünden	
	candle ['kændl]	Kerze	
	(to) **blow** sth. **out** [ˌbləʊ‿'aʊt], **blew** [bluː], **blown** [bləʊn]	etwas auspusten, ausblasen	

(to) **light** **a candle**

(to) **blow out** **a candle**

Irregular past participles

(to) **begin**	**began**	**begun** [bɪ'gʌn]	beginnen, anfangen
(to) **bite**	**bit**	**bitten** ['bɪtn]	beißen
(to) **catch**	**caught**	**caught** [kɔːt]	fangen
(to) **cost**	**cost**	**cost** [kɒst]	kosten
(to) **cut**	**cut**	**cut** [kʌt]	schneiden
(to) **draw**	**drew**	**drawn** [drɔːn]	zeichnen

➜ *List of irregular verbs*, pp. 72–75

New Year's Eve [ˌnjuː jɪəz‿'iːv]	Silvester	
fireworks *(pl)* ['faɪəwɜːks]	Feuerwerk	
firework ['faɪəwɜːk]	Feuerwerkskörper	

Fireworks!

a firework

(to) **dress up** [ˌdres‿'ʌp]	sich verkleiden; sich schick anziehen	I **dressed up** as a monster for Julian's party. We have to **dress up** for Grandpa's 80th birthday.
costume ['kɒstjuːm]	Kostüm, Verkleidung	! Betonung: **costume** ['kɒstjuːm]
special ['speʃl]	besondere(r, s)	! Betonung: **special** ['speʃl] — (F) spécial, e
bucket ['bʌkɪt]	Eimer	
crowd [kraʊd]	(Menschen-)Menge	
festival ['festɪvl]	Fest, Festival	(F) le festival
flag [flæg]	Fahne, Flagge	The German **flag** is black, red and gold.

(to) **raise money (for** sth.**)** [reɪz]	Geld sammeln (für etwas)	
charity ['tʃærəti]	Wohlfahrtsorganisation; Wohltätigkeit, wohltätige Zwecke	You could give the money to a **charity** like Oxfam. All the money will go to **charity**. (= … wird für wohltätige Zwecke verwendet.)
(to) **take part in** sth. [ˌteɪk 'pɑːt]	an etwas teilnehmen	More than 50 singers **took part in** the concert.
(to) **plan** [plæn]	planen	
theme [θiːm]	Thema	(L) thema, atis

Part A

p. 86 **juggler** ['dʒʌglə]	Jongleur/in	
(to) **juggle** sth. ['dʒʌgl]	mit etwas jonglieren	
(to) **drive** [draɪv], **drove** [drəʊv], **driven** ['drɪvn]	*(mit dem Auto)* fahren	Does your mother **drive** to work? – No, she usually goes by bus.
(to) **get out (of a car)** [ˌget‿'aʊt]	(aus einem Auto) aussteigen	

German "einsteigen" – "aussteigen"
- (to) **get on a bus/plane/train**
  (to) **get off a bus/plane/train**
- (to) **get in(to) a car/taxi**
  (to) **get out of a car/taxi**

(to) **put** sth. **on** [ˌpʊt‿ˈɒn] etwas anziehen *(Kleidung)*; etwas aufsetzen *(Hut, Helm)*

(to) **take** sth. **off** [ˌteɪk‿ɒf] etwas ausziehen *(Kleidung)*; etwas absetzen *(Hut, Helm)*

(to) **put on a pullover**

◄►

(to) **take off a pullover**

Clothes

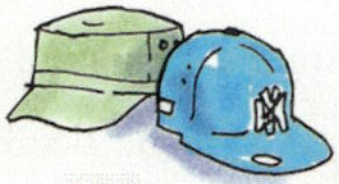

caps [kæps]

a hat [hæt]

a pair of gloves [ˈglʌvz]

a pullover [ˈpʊləʊvə]

a shirt [ʃɜːt]

a skirt [skɜːt]

a pair of trousers [ˈtraʊzəz]

! **trousers** ist ein Plural-Wort: **Are** your **trousers** new? **They're** cool. I need **a** new **pair of trousers** / **some** new **trousers**. — **Ist** deine **Hose** neu? **Sie ist** cool. Ich brauche **eine** neue **Hose**.

choir [ˈkwaɪə] Chor — ! Aussprache: **choir** [ˈkwaɪə]

	not till three	erst um drei, nicht vor drei	When did he come home last night? – **Not till** ten. I asked her to come at 2, but she did**n't** come **till** 3.
	probably ['prɒbəbli]	wahrscheinlich	(F) probablement (L) probabiliter
	artist ['ɑːtɪst]	Künstler/in	*English:* **artist** ! Betonung: **artist** ['ɑːtɪst] *German:* **Künstler/in** (*nicht:* ~~Artist/in~~) (F) l'artiste *(m/f)*
	torch [tɔːtʃ]	Fackel	! **torch** = **1.** Fackel; **2.** Taschenlampe
	(to) **pass** sth. **around** [ˌpɑːs‿ə'raʊnd]	etwas herumgeben, herumreichen	After the concert, the singer **passed around** a hat.
	encore ['ɒŋkɔː]	Zugabe	
	(to) **promise** ['prɒmɪs]	versprechen	I'll come and visit you. I **promise**. (F) promettre (L) promittere
p. 87	**journey** ['dʒɜːni]	Reise, Fahrt	
	queen [kwiːn]	Königin	
p. 88	(to) **translate** [træns'leɪt]	übersetzen	Can you **translate** this letter into German for me?
p. 89	(to) **take notes**	(sich) Notizen machen *(beim Lesen oder Zuhören)*	! **take notes** verwendet man, wenn man sich beim Lesen oder Zuhören Notizen macht. **make notes** sagt man, wenn man sich eigene Notizen macht als Vorbereitung auf etwas, z.B. einen Vortrag oder eine Präsentation.

	symbol ['sɪmbl]	Symbol	! Betonung: **<u>sym</u>bol** ['sɪmbl] (F) le symbole
	abbreviation [əˌbriːvi'eɪʃn]	Abkürzung	(F) l'abréviation *(f)* (L) abbreviatio, onis
	e.g. [ˌiː 'dʒiː]	z.B. (zum Beispiel)	(L) exempli gratia

Part B

p. 90	**at least** [ət 'liːst]	zumindest, wenigstens	It was cold but **at least** it didn't rain.
	director [də'rektə], [daɪ'rektə]	Regisseur/in	
	better **than ever**	besser als je zuvor	The crowds at the concert were bigger **than ever**.
	demonstration [ˌdemən'streɪʃn]	Demonstration, Vorführung	
	…, you see.	…, weißt du.	Sue doesn't speak German. She's English, **you see**.
	(to) **offer** ['ɒfə]	anbieten	She looked hungry so I **offered** her something to eat. (F) offrir (L) offerre
	Indian ['ɪndiən]	Inder/in; indisch	
	lift [lɪft]	Mitfahrgelegenheit	*English:* Can you **give me a lift** to the station? *German:* Kannst du mich zum Bahnhof bringen / mitnehmen?
	event [ɪ'vent]	Ereignis	The first day at school is a big **event** in a child's life. (F) l'événement *(m)* (L) eventus, us

	storm [stɔːm]	Sturm, Unwetter, Gewitter	
p. 92	**million** ['mɪljən]	Million	! **one million** cars – **eine Million** Autos **two million** cars – **zwei Millionen** Autos *But:* **millions** of cars – **Millionen** von Autos (F) le million
	(to) **fly** [flaɪ], **flew** [fluː], **flown** [fləʊn]	fliegen	You can **fly** from Berlin to New York in about 8 hours.
p. 93	(to) **present** sth. **(to** sb.**)** [prɪ'zent]	(jm.) etwas präsentieren, vorstellen	Now **present** your ideas **to** the class. (F) présenter ! Betonung: (to) **present** [prɪ'zent] (L) praesentare
	presentation [ˌprezn'teɪʃn]	Präsentation, Vorstellung	(F) la présentation
	(to) **introduce** sth./sb. **(to** sb.**)** [ˌɪntrə'djuːs]	etwas/jn. (jm.) vorstellen	Mr Brown didn't know me so Dad **introduced** me **to** him. (L) introducere

Part C

pp. 94/95	**speech** [spiːtʃ]	*(offizielle)* Rede	
	competition [ˌkɒmpə'tɪʃn]	Wettbewerb	*English:* (to) **take part in a competition** *German:* **an einem Wettbewerb teilnehmen**
	workshop ['wɜːkʃɒp]	Workshop, Lehrgang	
	(to) **paint** [peɪnt]	(an)streichen; (an)malen	
	Spanish ['spænɪʃ]	spanisch	

main [meɪn]	Haupt-	the **main** question/road/thing/… = the **most important** question/road/thing/…
tasty ['teɪsti]	lecker	
traditional [trə'dɪʃənl]	traditionell	! Betonung: **tra<u>di</u>tional** [trə'dɪʃənl] (F) traditionel, le
(to) **repeat** [rɪ'piːt]	wiederholen	Can you **repeat** your question, please? (F) répéter
tongue-twister ['tʌŋ,twɪstə]	Zungenbrecher	
puppet ['pʌpɪt]	Marionette, Handpuppe	 **a puppet**
May I have a word with you?	Kann ich Sie kurz sprechen?	
may [meɪ]	dürfen	**May** I come in? (*höflicher für:* Can I come in?)
famous (for) ['feɪməs]	berühmt (für, wegen)	Liverpool is **famous for** the Beatles. (L) famosus
(to) **defend** sb./sth. **(against** sb./sth.**)** [dɪ'fend]	jn./etwas verteidigen (gegen jn./etwas)	It's easier to **defend** a country if it is an island like Britain. (F) défendre (L) defendere
(to) **invade (a country)** [ɪn'veɪd]	(in ein Land) einmarschieren	(L) invadere
(to) **attack** [ə'tæk]	angreifen	(to) **attack** ◄► (to) **defend** (F) attaquer

(to) **destroy** [dɪ'strɔɪ]	zerstören	(L) destruere
knight [naɪt]	Ritter	! Aussprache – das „k" wird nicht gesprochen: **knight** [naɪt]
(to) **become** [bɪ'kʌm], **became** [bɪ'keɪm], **become** [bɪ'kʌm]	werden	It **became** warmer when the sun came out.

Irregular past participles

(to) **feel**	**felt**	**felt** [felt]	(sich) fühlen
(to) **fight**	**fought**	**fought** [fɔːt]	(be)kämpfen
(to) **forget**	**forgot**	**forgotten** [fə'gɒtn]	vergessen
(to) **get**	**got**	**got** [gɒt]	bekommen; besorgen; (hin)kommen; werden
(to) **give**	**gave**	**given** ['gɪvn]	geben

➔ *List of irregular verbs*, pp. 72 – 75

recipe ['resəpi]	(Koch-)Rezept	The cake is delicious! Can I have the **recipe**? ! Betonung: **<u>re</u>cipe** ['resəpi]
p. 97 (to) **pick** sth. **up** [ˌpɪk_'ʌp]	etwas aufheben *(vom Boden)*, etwas hochheben	 They're **picking up** rubbish.
rubbish ['rʌbɪʃ]	Müll, Abfall	
(to) **be made of** sth.	aus etwas (gemacht) sein	You can't break this bottle. It**'s made of** plastic.

(to) pick sb. up [ˌpɪk_ʌp] — jn. abholen

He's **picking up** Mr Brown.

A day to celebrate

p. 98 **mirror** ['mɪrə] — Spiegel — a **mirror**

(F) le miroir

tooth [tuːθ], *pl* **teeth** [tiːθ] — Zahn

one tooth

lots of teeth

thunder ['θʌndə] — Donner

even if ['iːvn_ɪf] — selbst wenn — You should go to his party **even if** you don't know many people there.

bowl [bəʊl] — Schüssel

a **bowl** of cornflakes

air [eə] — Luft — (F) l'air (*m*) (L) aer, aeris

	painted ['peɪntɪd]	bemalt, angemalt	
	(to) **ask for** sth.	um etwas bitten	I was thirsty so I **asked for** a glass of water.
	heart [hɑːt]	Herz	
	audience ['ɔːdiəns]	Publikum, Zuschauer/innen, Zuhörer/innen	At the end of the concert, the **audience** stood up and clapped for five minutes.
	deep [diːp]	tief	Be careful, the water is very **deep** here.
	breath [breθ]	Atem, Atemzug	She took a deep **breath** and jumped into the cold water.
	(to) **pay (for** sth.**)** [peɪ], **paid, paid** [peɪd]	(etwas) bezahlen	*English:* Let me **pay for the pizzas**. *German:* Lass mich **die Pizzas bezahlen**.
	chorus ['kɔːrəs]	Refrain	
	lightning *(no pl)* ['laɪtnɪŋ]	Blitz(e)	*German:* **ein Blitz** – *English:* **a flash of lightning**
	second ['sekənd]	Sekunde	! Betonung: **second** ['sekənd] (F) la seconde
	heavy rain ['hevi]	starker Regen, heftiger Regen	
	(to) **bow** [baʊ]	sich verbeugen, sich verneigen	
p. 99	(to) **interrupt** [ˌɪntə'rʌpt]	unterbrechen	Please don't **interrupt** me when I'm talking. Wait until I'm finished. (F) interrompre (L) interrumpere
	(to) **pour** [pɔː]	gießen	She **poured** the water into the glasses.
	circle ['sɜːkl]	Kreis	(F) le cercle (L) circulus, i

shoulder ['ʃəʊldə]	Schulter	
(to) **light** sth. **up** [ˌlaɪt_'ʌp], **lit, lit** [lɪt]	etwas erhellen *(aufleuchten lassen)*	The sun came out and **lit up** their faces.

Irregular past participles

(to) **hang**	**hung**	**hung** [hʌŋ]	hängen	(to) **lie**	**lay**	**lain** [leɪn]	liegen
(to) **hold**	**held**	**held** [held]	halten	(to) **mean**	**meant**	**meant** [ment]	bedeuten; meinen
(to) **know**	**knew**	**known** [nəʊn]	wissen; kennen	(to) **put**	**put**	**put** [pʊt]	legen, stellen

➜ *List of irregular verbs*, pp. 72–75

(to) **whistle** ['wɪsl]	pfeifen	
whole [həʊl]	ganze(r, s), gesamte(r, s)	Yesterday we played cards the **whole** evening.
entry ['entri]	Eintrag, Eintragung *(im Tagebuch, Wörterbuch)*	There's no **entry** in Jane's diary for 12th June. My new English dictionary has 200,000 **entries**.
conversation [ˌkɒnvə'seɪʃn]	Gespräch, Unterhaltung	(to) have a **conversation** with sb. = (to) talk to sb. about sth. (F) la conversation

Unit 6 A class trip

p. 102	**cliff** [klɪf]	Klippe	
	cave [keɪv]	Höhle	(F) la caverne (L) cavus, i
	bridge [brɪdʒ]	Brücke	

Part A

p. 104	**real** ['riːəl]	echt, wirklich	That plant isn't **real**. It's made of plastic.
	(to) **enter** ['entə]	betreten, hineingehen in; eintreten	Everyone stood up when the Queen **entered** the room. (F) entrer (L) intrare
	guide [gaɪd]	Fremdenführer/in; Reiseleiter/in	(F) le/la guide
	each [iːtʃ]	jeder, jede, jedes (einzelne)	There were six children at Jamie's birthday party, and **each** of them got a little present.
	copy ['kɒpi]	Kopie; Exemplar	Can I make a **copy** of your CD? Here's a **copy** of the new school magazine. ! Betonung: **copy** ['kɒpi] (F) la copie
	you **needn't** do it ['niːdnt]	du musst es nicht tun, du brauchst es nicht zu tun	I can do the exercise. You **needn't** help me.
	you **mustn't** do it ['mʌsnt]	du darfst es nicht tun	You **mustn't** touch the plates. They're hot. ! Nicht verwechseln: • **you mustn't** = du darfst nicht • **you needn't / you don't have to** = du musst nicht

must – needn't – mustn't

must (müssen)
Mit **must** drückt man aus, dass jemand etwas tun muss:

I **must** clean the hamster's cage today. It's dirty.

needn't (nicht müssen)
Mit **needn't** drückt man aus, dass jemand etwas nicht zu tun braucht:

I **needn't** clean the rabbit's cage. It isn't dirty.

mustn't (nicht dürfen)
Mit **mustn't** drückt man aus, dass jemand etwas nicht tun darf:

I **mustn't** forget to feed the lambs.
Ich darf nicht vergessen, …

(to) **hand** sth. **in**	etwas abgeben; etwas einreichen	If you find money you should **hand** it **in** to the police.
(to) **build** [bɪld], **built**, **built** [bɪlt]	bauen	Dad is going to **build** a tree house for us in the garden.

Irregular past participles

(to) **ring**	**rang**	**rung** [rʌŋ]	klingeln, läuten	(to) **shake**	**shook**	**shaken** ['ʃeɪkən]	schütteln
(to) **say**	**said**	**said** [sed]	sagen	(to) **sing**	**sang**	**sung** [sʌŋ]	singen
(to) **send**	**sent**	**sent** [sent]	schicken, senden	(to) **sit**	**sat**	**sat** [sæt]	sitzen; sich setzen

➜ *List of irregular verbs*, pp. 72–75

narrow ['nærəʊ]	schmal, eng	The road was too **narrow** for the big bus.

guard [gɑːd]	Wachposten, Wache
legend ['ledʒənd]	Legende, Sage
king [kɪŋ]	König

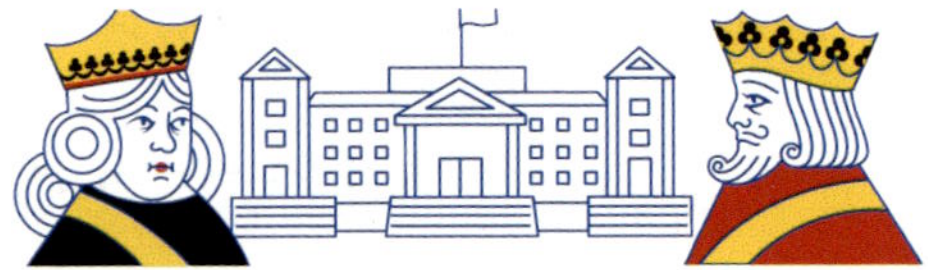

queen king

(to) **write** sth. **down**	etwas aufschreiben	There are some new words on the board. **Write** them **down** in your exercise books, please.
courtyard ['kɔːtjɑːd]	Hof, Innenhof; Vorplatz	

	prince [prɪns]	Prinz	(F) le prince
	princess [ˌprɪnˈses], [ˈprɪnses]	Prinzessin	
p. 105	**What's wrong with** Justin/you?	Was fehlt Justin/dir? Was ist los mit Justin/dir?	He looks awful. **What's wrong with him?**
	sweets *(pl)* [swiːts]	Süßigkeiten	
	at Grandma's	bei Oma	Let's meet **at Grandma's**. (= at Grandma's house/flat)
	while [waɪl]	während	We met Mr Petrock **while** we were in Cornwall.
	(to) **tap** [tæp]	tippen, (vorsichtig) klopfen	I was waiting for the bus when someone **tapped** me on the shoulder from behind.
	(to) **turn to** sb. [tɜːn]	sich jm. zuwenden; sich an jn. wenden	Leo **turned to** Justin and said, "Let's play *I spy*."
	Stop it! *(infml)*	Hör auf (damit)! / Lass das!	
	(to) **hiss** [hɪs]	zischen	The cat **hissed** and showed its teeth.
	(to) **scream** [skriːm]	schreien	My brother **screamed** when he saw a rat in the kitchen.
	(to) **kill** [kɪl]	töten	
	groan [grəʊn]	Stöhnen	
	(to) **groan** [grəʊn]	stöhnen	

stomach ['stʌmək] | Magen | ! Aussprache: **stomach** ['stʌmək]

(F) l'estomac (*m*) (L) stomachus, i

ill [ɪl] krank

ill – sick – well

• Nach <u>Verben</u> kann **sick** oder **ill** stehen:	(to) <u>be/look</u> **ill/sick**	**krank** sein/aussehen
• Vor Nomen kann nur **sick** stehen:	a **sick** child	ein **krankes** Kind
• Das Adjektiv **sick** bedeutet auch „schlecht, übel“:	I feel **sick**.	Mir ist **schlecht**.
(to) **be sick** heißt „sich übergeben“:	I'm going to **be sick**.	Ich muss **mich übergeben**.
• Das Adjektiv **well** bedeutet „gesund, gut“:	I don't feel **well**.	Mir geht's nicht **gut**. / Ich fühle mich nicht **gut**.
	I was ill, but now I'm **well** again.	… wieder **gesund**.

seat [siːt] Sitz, Platz When I fly, I always try to get a window **seat**.

reason ['riːzn] Grund, Begründung (F) la raison (L) ratio, onis

p. 106 **tunnel** ['tʌnl] Tunnel ! Aussprache: **tunnel** ['tʌnl]

(F) le tunnel

	sticky ['stɪki]	klebrig	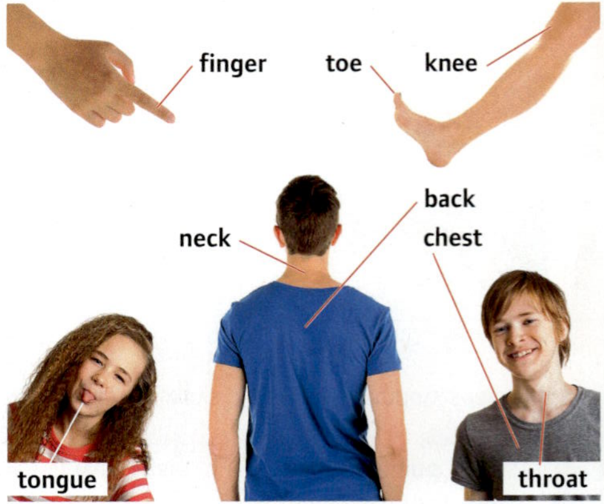
p. 107	**apple** ['æpl]	Apfel	
p. 108	**back** [bæk]	Rücken	
	chest [tʃest]	Brust, Brustkorb	
	finger ['fɪŋgə]	Finger	
	knee [niː]	Knie	
	neck [nek]	Hals	
	throat [θrəʊt]	Hals, Kehle	
	toe [təʊ]	Zeh	
	tongue [tʌŋ]	Zunge	
	(to) **have a toothache / a headache** ['tuːθeɪk], ['hedeɪk]	Zahnschmerzen/Kopfschmerzen haben	I **have a headache**. – Do you often get **headaches**?
	(to) **have a temperature** ['temprətʃə]	Fieber haben	I feel very hot. I think I **have a temperature**. ! **temperature** = **1.** Temperatur; **2.** Fieber Betonung: **<u>tem</u>perature** ['temprətʃə] (F) la température
	(to) **have a cough** [kɒf]	Husten haben	! Aussprache: **cough** [kɒf]

sore [sɔː]	wund	Your eyes are very red. Are they **sore**? She has a **sore** throat. (Sie hat Halsschmerzen.)
(to) **have a cold** [kəʊld]	eine Erkältung haben, erkältet sein	
plaster ['plɑːstə]	(Heft-)Pflaster	
thermometer [θə'mɒmɪtə]	Thermometer	! Betonung: **thermometer** [θə'mɒmɪtə] (F) le thermomètre
fresh [freʃ]	frisch	Can you open the window? I need some **fresh** air. Is this milk **fresh**? – No, it's four days old.
dentist ['dentɪst]	Zahnarzt/-ärztin	(F) le/la dentiste
hospital ['hɒspɪtl]	Krankenhaus	(F) l'hôpital (*m*)
terrible ['terəbl]	schrecklich, furchtbar	another word for "awful" (F) terrible (L) terribilis, e

Part B

p. 110 **floor** [flɔː]	Stock(werk)	You can buy children's clothes on the second **floor**.
report [rɪ'pɔːt]	Bericht, Reportage	(F) le reportage
strawberry ['strɔːbəri]	Erdbeere	

(to) **frown** [fraʊn]	die Stirn runzeln	
(to) **go red**	rot werden, erröten	

German "werden"

- Die häufigsten englischen Entsprechungen von „werden" sind (to) **become** und (to) **get**. In der Umgangssprache wir eher (to) **get** verwendet.
  (to) **become/get** angry/tired/nervous/old/ill/…
  cold/windy/dark/…
  exciting/boring/funny/more interesting/…

  ! Vor Nomen kann nur (to) **become** stehen: She **became** a doctor/a football fan/a singer/…

- (to) **go** wird oft verwendet
  – bei Farbveränderungen: (to) **go** red/brown/green/… rot/braun/grün/… werden
  – wenn es um Verschlechterungen geht:
  (to) **go** hard *(bread)* hart werden
  (to) **go** bad *(fish, cheese, eggs)* schlecht werden
  (to) **go** mad verrückt werden

role [rəʊl]	Rolle *(in einem Theaterstück, Film)*	(F) le rôle
as King Arthur [æz], [əz]	als König Arthur	

as …
- I would choose Justin **as King Arthur**.
  Ich würde Justin **als King Arthur** wählen.
- **As a child**, I was often scared at night.
  Als Kind hatte ich nachts oft Angst.
- She works **as a teacher**.
  Sie arbeitet **als Lehrerin**.

dear [dɪə] liebe(r, s) Flora is one of my dearest friends.

	royal ['rɔɪəl]	königlich	Tourists love the British **royal** family. (F) royal, e (L) regalis
p. 112	**consonant** ['kɒnsənənt]	Konsonant, Mitlaut	(F) la consonne
	vowel ['vaʊəl]	Vokal, Selbstlaut	(F) la voyelle
	noisy ['nɔɪzi]	laut, lärmend, voller Lärm	**quiet ◄► noisy**
p. 113	**peaceful** ['piːsfl]	friedlich	
	takeaway ['teɪkəweɪ]	*Restaurant/Imbissgeschäft, das auch Essen zum Mitnehmen verkauft; Essen zum Mitnehmen*	

one/ones

Wenn du ein schon einmal genanntes Nomen nicht wiederholen willst,
kannst du **one** (Singular) bzw. **ones** (Plural) verwenden:

This café is not as good as the **one** in King Street. (= … not as good as the café in King Street.)
Dieses Café ist nicht so gut wie das in der King Street.

I have three cats, two black **ones** and a white **one**.
Ich habe drei Katzen, zwei schwarze und eine weiße.

Could you give me a felt pen, please? – Which **one**? This **one**? – No, the blue **one**, please.
Kannst du mir bitte einen Filzstift geben? – Welchen? Diesen? – Nein, den blauen, bitte.

I'll have a tea/burger/…	Ich nehme einen Tee/Hamburger/ … *(beim Essen, im Restaurant)*	
vegetarian [ˌvedʒəˈteəriən]	Vegetarier/in; vegetarisch	(F) le végétarien, la végétarienne
What size tea would you like?	Wie groß soll der/dein Tee sein?	

The sword in the stone

p. 114	**stone** [stəʊn]	Stein	
	cast [kɑːst]	Besetzung; Mitwirkende *(Theaterstück, Film)*	
	beard [bɪəd]	Bart	
	adopted [əˈdɒptɪd]	adoptiert, Adoptiv-	(L) adoptare
	battle [ˈbætl]	Schlacht; Kampf	At the end of the **battle**, hundreds of men were dead.
	enemy [ˈenəmi]	Feind/in	**friend ◄► enemy** (F) l'ennemi (*m*), l'ennemie (*f*) (L) inimicus, i
	danger [ˈdeɪndʒə]	Gefahr	**danger** (Gefahr) – **dangerous** (gefährlich) (F) le danger
	truth [truːθ]	Wahrheit	**truth** (Wahrheit) – **true** (wahr)

(to) **kiss** [kɪs]	küssen; sich küssen	He's **kissing** her. 
p. 115 (to) **kneel** [niːl], **knelt**, **knelt** [nelt]	knien	Why are you **kneeling** on the floor? – I'm looking for my key.

Irregular past participles

(to) **speak**	**spoke**	**spoken** ['spəʊkən]	sprechen, reden	(to) **think**	**thought**	**thought** [θɔːt]	denken, glauben
(to) **stand**	**stood**	**stood** [stʊd]	stehen	(to) **under-stand**	**under-stood**	**understood** [ˌʌndə'stʊd]	verstehen
(to) **stick**	**stuck**	**stuck** [stʌk]	stechen, stecken	(to) **wear**	**wore**	**worn** [wɔːn]	tragen *(Kleidung)*
(to) **swim**	**swam**	**swum** [swʌm]	schwimmen				

➜ *List of irregular verbs*, pp. 72–75

crown [kraʊn]	Krone	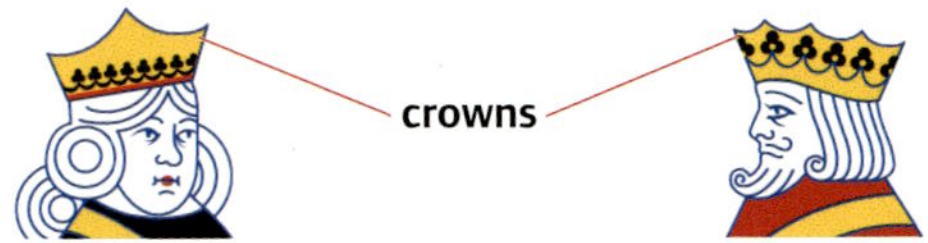 (F) la couronne
wise [waɪz]	weise	

Irregular verbs

infinitive	simple past	past participle	
(to) **be**	*I/he/she/it* **was**; *you/we/you/they* **were**	**been**	sein
(to) **become**	**became**	**become**	werden
(to) **begin**	**began**	**begun**	beginnen, anfangen
(to) **bite** [aɪ]	**bit** [ɪ]	**bitten** [ɪ]	beißen
(to) **blow** sth. **out**	**blew**	**blown**	etwas auspusten, ausblasen
(to) **break** [eɪ]	**broke**	**broken**	brechen; zerbrechen
(to) **bring**]	**brought**	**brought**	(mit-, her)bringen
(to) **build**	**built**	**built**	bauen
(to) **buy**	**bought**	**bought**	kaufen
(to) **catch**	**caught**	**caught**	fangen
(to) **choose** [uː]	**chose** [əʊ]	**chosen** [əʊ]	aussuchen, (aus)wählen; sich aussuchen
(to) **come**	**came**	**come**	kommen
(to) **cost**	**cost**	**cost**	kosten
(to) **cut**	**cut**	**cut**	schneiden
(to) **do**	**did**	**done** [ʌ]	tun, machen
(to) **draw**	**drew**	**drawn**	zeichnen
(to) **drive** [aɪ]	**drove** [əʊ]	**driven** [ɪ]	*(mit dem Auto)* fahren
(to) **drink**	**drank**	**drunk**	trinken

(to) **eat**	**ate** [eɪ, eɪt]	**eaten**	essen
(to) **fall**	**fell**	**fallen**	fallen, stürzen; hinfallen
(to) **feed**	**fed**	**fed**	füttern
(to) **feel**	**felt**	**felt**	fühlen; sich fühlen
(to) **fight**	**fought**	**fought**	(be)kämpfen
(to) **find**	**found**	**found**	finden
(to) **fly**	**flew**	**flown**	fliegen
(to) **forget**	**forgot**	**forgotten**	vergessen
(to) **get**	**got**	**got**	bekommen; holen, besorgen; werden; gelangen, (hin)kommen
(to) **give**	**gave**	**given**]	geben
(to) **go**	**went**	**gone** [ɒ]	gehen
(to) **grow**	**grew**	**grown**	wachsen; anbauen, anpflanzen
(to) **hang**	**hung**	**hung**	hängen
(to) **have**	**had**	**had**	haben
(to) **hear** [ɪə]	**heard** [ɜː]	**heard** [ɜː]	hören
(to) **hide** [aɪ]	**hid** [ɪ]	**hidden** [ɪ]	verstecken; sich verstecken
(to) **hit**	**hit**	**hit**	schlagen
(to) **hold**	**held**	**held**	halten
(to) **hurt**	**hurt**	**hurt**	schmerzen, wehtun; verletzen

infinitive	simple past	past participle	
(to) **kneel** [niːl]	**knelt** [nelt]	**knelt** [nelt]	knien
(to) **know** [nəʊ]	**knew** [njuː]	**known** [nəʊn]	wissen; kennen
(to) **leave** [iː]	**left**	**left**	(weg)gehen; abfahren; (zurück)lassen; verlassen
(to) **lie**	**lay**	**lain**	liegen
(to) **light** [aɪ]	**lit** [ɪ]	**lit** [ɪ]	anzünden
(to) **lose** [uː]	**lost** [ɒ]	**lost** [ɒ]	verlieren
(to) **make**	**made**	**made**	machen; herstellen
(to) **mean** [iː]	**meant** [e]	**meant** [e]	bedeuten; meinen
(to) **meet** [iː]	**met** [e]	**met**	treffen; sich treffen; kennenlernen
(to) **pay**	**paid**	**paid**	bezahlen
(to) **put**	**put**	**put**	*(etwas wohin)* tun, legen, stellen
(to) **read** [iː]	**read** [e]	**read** [e]	lesen
(to) **ride** [aɪ]	**rode**	**ridden** [ɪ]	reiten; *(Rad)* fahren
(to) **ring**	**rang**	**rung**	klingeln, läuten
(to) **run**	**ran**	**run**	rennen, laufen
(to) **say** [eɪ]	**said** [e]	**said** [e]	sagen
(to) **see**	**saw**	**seen**	sehen
(to) **sell**	**sold**	**sold**	verkaufen
(to) **send**	**sent**	**sent**	schicken, senden

(to) **sing**	**sang**	**sung**	singen
(to) **sit**	**sat**	**sat**	sitzen; sich setzen
(to) **sleep**	**slept**	**slept**	schlafen
(to) **speak** [iː]	**spoke**	**spoken**	sprechen
(to) **stand**	**stood**	**stood**	stehen; sich (hin)stellen
(to) **stick**	**stuck**	**stuck**	stechen, stecken
(to) **swim**	**swam**	**swum**	schwimmen
(to) **take**	**took**	**taken**	nehmen, mitnehmen; (weg-, hin)bringen; dauern, *(Zeit)* brauchen
(to) **tell**	**told**	**told**	erzählen, berichten
(to) **think**	**thought**	**thought**	denken, glauben
(to) **throw**	**threw**	**thrown**	werfen
(to) **understand**	**understood**	**understood**	verstehen
(to) **wake up**	**woke up**	**woken up**	aufwachen; (auf)wecken
(to) **wear** [eə]	**wore** [ɔː]	**worn** [ɔː]	tragen *(Kleidung)*
(to) **win**	**won** [ʌ]	**won** [ʌ]	gewinnen
(to) **write**	**wrote**	**written**	schreiben

0	**oh, zero, nil** [əʊ, 'zɪərəʊ, nɪl]		
1	**one** [wʌn]	1st	**first** [fɜːst]
2	**two** [tuː]	2nd	**second** ['sekənd]
3	**three** [θriː]	3rd	**third** [θɜːd]
4	**four** [fɔː]	4th	**fourth** [fɔːθ]
5	**five** [faɪv]	5th	**fifth** [fɪfθ]
6	**six** [sɪks]	6th	**sixth** [sɪksθ]
7	**seven** ['sevn]	7th	**seventh** ['sevnθ]
8	**eight** [eɪt]	8th	**eighth** [eɪtθ]
9	**nine** [naɪn]	9th	**ninth** [naɪnθ]
10	**ten** [ten]	10th	**tenth** [tenθ]
11	**eleven** [ɪ'levn]	11th	**eleventh** [ɪ'levnθ]
12	**twelve** [twelv]	12th	**twelfth** [twelfθ]
13	**thirteen** [ˌθɜː'tiːn]	13th	**thirteenth** [ˌθɜː'tiːnθ]
14	**fourteen** [ˌfɔː'tiːn]	14th	**fourteenth** [ˌfɔː'tiːnθ]
15	**fifteen** [ˌfɪf'tiːn]	15th	**fifteenth** [ˌfɪf'tiːnθ]
17	**seventeen** [ˌsevn'tiːn]	17th	**seventeenth** [ˌsevn'tiːnθ]
18	**eighteen** [ˌeɪ'tiːn]	18th	**eighteenth** [ˌeɪ'tiːnθ]
19	**nineteen** [ˌnaɪn'tiːn]	19th	**nineteenth** [ˌnaɪn'tiːnθ]
20	**twenty** ['twenti]	20th	**twentieth** ['twentiəθ]

21	**twenty-one** [ˌtwenti'wʌn]	21st	**twenty-first** [ˌtwenti'fɜːst]
22	**twenty-two** [ˌtwenti'tuː]	22nd	**twenty-second** [ˌtwenti'sekənd]
23	**twenty-three** [ˌtwenti'θriː]	23rd	**twenty-third** [ˌtwenti'θɜːd]
...		...	
30	**thirty** ['θɜːti]	30th	**thirtieth** ['θɜːtiəθ]
40	**forty** ['fɔːti]	40th	**fortieth** ['fɔːtiəθ]
50	**fifty** ['fɪfti]	50th	**fiftieth** ['fɪftiəθ]
60	**sixty** ['sɪksti]	60th	**sixtieth** ['sɪkstiəθ]
70	**seventy** ['sevnti]	70th	**seventieth** ['sevntiəθ]
80	**eighty** ['eɪti]	80th	**eightieth** ['eɪtiəθ]
90	**ninety** ['naɪnti]	90th	**ninetieth** ['naɪntiəθ]
100	**a / one hundred** [ə'hʌndrəd / ˌwʌn'hʌndrəd]	100th	**hundredth** ['hʌndrədθ]
101	**one hundred and one**	101st	**hundred and first**
102	**one hundred and two**	102nd	**hundred and second**
...		...	

False friends (Falsche Freunde)

Es gibt einige Wörter, die im Englischen und Deutschen ähnlich klingen oder aussehen, aber eine ganz andere Bedeutung haben – sogenannte *false friends*.
Hier sind einige Beispiele:

English	German	German	English
also	= auch	also	= **so; Well …**
become	= werden	bekommen	= **get**
boot	= Stiefel	Boot	= **boat**
build	= bauen	bilden	= **make, form**
chips	= Pommes frites	Kartoffelchips	= **crisps**
fire	= Feuer	Feier	= **celebration**
kind	= freundlich	Kind	= **child**
handy	= praktisch	Handy	= **mobile**
listen	= zuhören	Listen	= **lists**
map	= Landkarte	Mappe	= **folder**
mist	= Nebel	Mist *(Unsinn)*	= **rubbish**

English	German	German	English
snake	= Schlange	Schnecke	= **snail**
stay	= bleiben	stehen	= **stand**
where	= wo	wer	= **who**
while	= während	weil	= **because**

TIP
Wenn du nicht sicher bist, ob du es vielleicht mit einem *false friend* zu tun hast, dann schau vorsichtshalber in einem guten Wörterbuch nach.

Quellen

Illustrationen

Roland Beier, Berlin (S. 5 (u. 23); S. 7; S. 8; S. 10; S. 15 tears; S. 16; S. 17; S. 19; S. 22; S. 24; S. 25; S. 26; S. 27; S. 28; S. 29; S. 32; S. 35; S. 36; S. 37; S. 50; S. 51; S. 53; S. 57; S. 58; S. 59; S. 65; S. 67; S. 71 oben)
Tobias Dahmen, Utrecht, NL, www.tobidahmen.de (S. 78)
Jeongsook Lee, Heidelberg (S. 14; S. 63 (u. 71 unten li. u. re.)

Bildquellen

Alamy, Abingdon (S. 33 packet of biscuits: studiomode; S. 48: Stephen Dorey ABIPP); **iStockphoto.com** (S. 8 li.: duaneellison; S. 15 pool: ejs9; S. 19: mattjeacock; S. 42 li.: LouisHiemstra; S. 43 li.: chictype, re.: Zatanasoski; S. 47: CaroleGomez; S. 66 finger: hocus-focus); **Shutterstock.com** (S. 7: Indigo Fish; S. 8 re.: Baloncici; S. 9: fritz16; S. 16 (u. 32): Tobik; S. 33 bottle of milk: GorillaAttack, tin of soup: Sergio Foto, basket of fruit: tarasov, oranges: Ramon grosso dolarea, cheese: Nattika; S. 38 oben li.: Lighthunter, oben re.: Villiers Steyn, cow u. goat u. sheep: Eric Isselée; S. 42 Mitte: Andrey Eremin, re.: Evgeny Karandaev; S. 46 otter u. adder: Eric Isselée, deer li.: Ekaterina V. Borisova, deer re.: Anan Kaewkhammul; S. 66 toe, knee: Alan Poulson Photography, tongue: DenisNata, back: Africa Studio, throat: Indigo Fish)

Titelbild

Trevor Burrows Photography Ltd, Plymouth

English G Access · Band 2
Vokabeltaschenbuch

Im Auftrag des Verlages herausgegeben von
Jörg Rademacher, Mannheim

Erarbeitet von
Uwe Tröger, Hannover

Beratende Mitwirkung
Thomas Neidhardt, Bielefeld

Layout und technische Umsetzung
zweiband.media Berlin

Umschlaggestaltung
kleiner & bold, Berlin

www.cornelsen.de
www.englishg.de/access

1. Auflage, 3. Druck 2017

Alle Drucke dieser Auflage sind inhaltlich unverändert und können im Unterricht nebeneinander verwendet werden.

© 2014 Cornelsen Schulverlage GmbH, Berlin
© 2017 Cornelsen Verlag GmbH, Berlin

Das Werk und seine Teile sind urheberrechtlich geschützt. Jede Nutzung in anderen als den gesetzlich zugelassenen Fällen bedarf der vorherigen schriftlichen Einwilligung des Verlages.
Hinweis zu den §§ 46, 52 a UrhG: Weder das Werk noch seine Teile dürfen ohne eine solche Einwilligung eingescannt und in ein Netzwerk eingestellt oder sonst öffentlich zugänglich gemacht werden. Dies gilt auch für Intranets von Schulen und sonstigen Bildungseinrichtungen.

Druck: H. Heenemann, Berlin

ISBN 978-3-06-033216-8

PEFC zertifiziert
Dieses Produkt stammt aus nachhaltig bewirtschafteten Wäldern und kontrollierten Quellen.